W0469015

«GLAMOUR»

Dello stesso autore

La bellezza interiore

diego dalla palma

PER AMARSI UN PO'

Presentazione di Mario Rigoni Stern

Sperling & Kupfer Editori

PER AMARSI UN PO'

Proprietà Letteraria Riservata
© 2007 Sperling & Kupfer Editori S.p.A.

ISBN 978-88-200-4292-9
37-I-07

II EDIZIONE

Le fotocopie per uso personale del lettore possono essere effettuate nei limiti del 15% di ciascun volume/fascicolo di periodico dietro pagamento alla SIAE del compenso previsto dall'art. 68, commi 4 e 5, della legge 22 aprile 1941 n. 633. Le riproduzioni effettuate per finalità di carattere professionale, economico o commerciale o comunque per uso diverso da quello personale possono essere effettuate a seguito di specifica autorizzazione rilasciata da AIDRO, Corso di Porta Romana n. 108, Milano 20122, e-mail segreteria@aidro.org e sito web www.aidro.org

Dedicato a chi sa combattere per un ideale.
A chi sa vivere con impegno e a chi sa morire col sorriso.
Dedicato a coloro che cadono:
a chi riesce a rialzarsi e a chi non ce la fa.
Dedicato, soprattutto, a chi non ha mai avuto una dedica.

indice

Nel dicembre 2006 ho pregato Mario Rigoni Stern, che ho il privilegio di conoscere e che, come me, è originario dell'Altopiano di Asiago (tuttora ci vive) di leggere il manoscritto di questo mio ultimo libro.

Ha generosamente accolto la mia richiesta e poco tempo dopo ho ricevuto la seguente lettera, che giudico la più bella e lusinghiera delle presentazioni.

D.D.P.

Asiago, 10 gennaio 2007

Caro Diego Dalla Palma,

ricorda, ci incontrammo, forse una decina di anni fa, in quell'angolo verde di paradiso tra le nostre montagne che si chiama Marcesina: mark-Wiesen *(prati dei confini) che i nostri avi in tempi lontani avevano difeso dai soprusi dei notabili imperiali. Ricordo che era una bella estate e che le mandrie pascolavano suonando i campani.*

Pur venendo da Milano e avendo lei un po' di quell'aspetto di uomo di mondo acquisito dalla sua professione, capii subito, dopo poche parole nel nostro dialetto, che conservava nell'intimo il nostro Altipiano: la gente, il paesaggio, la storia. Non ci sentimmo estranei né diffidenti come qualche volta capita a noi montanari nell'incontro con i forestieri.

Certamente conoscevo il suo nome, non sono poi così selvatico; leggo pure i giornali. Mi sembrava strano il suo lavoro. Lessi, poi, il suo primo libro e, ora, queste pagine che ancora non hanno titolo. Mi piacciono, a incominciare dalla dedica da dove traspare il suo animo gentile eppure forte come quello di sua madre che un giorno conobbi, e rigoroso come quello del suo silenzioso padre.

Pagina dopo pagina, come in un compito in vita, lei ci presenta il nostro tempo con pietas e comprensione, sì che a uno come me, lontano dalle luci della città, fa pensare al nostro presente, che credevo assolutamente negativo, con uno sprazzo di speranza.

Sono le ultime cinquanta pagine che mi hanno particolarmente conquiso, là dove la tolleranza, il coraggio, la ragione, l'affetto e altri principii che ai nostri giorni sembrano debolezza o sono dimenticati, prendono il giusto e antico valore dell'esistenza.

La saluto con amicizia

MARIO RIGONI STERN

amarsi un po' significa...

SPEGNERE:

- i conflitti con se stessi. E quelli con gli altri: è da piccoli odii che nascono grandi guerre;
- l'indignazione di fronte a fatti che riteniamo inspiegabili;
- il fuoco della rabbia, del rancore e dell'astio quando subiamo delle ingiustizie;
- la smania di apparire e quella di gonfiare il proprio ego, due nemici pericolosi per ogni uomo;
- il desiderio sfrenato e smodato di denaro e potere;
- il telefono, o quant'altro, se diventa una droga che ci condiziona e abbruttisce;
- le lusinghe, quando si trasformano in sussurri ammalianti di sirene;
- le luci degli specchi nel momento in cui ci fanno credere che siamo i più belli del reame;
- la pigrizia;
- la tentazione di essere giovanilisti;
- il bisogno di dire ai quattro venti le proprie preferenze politiche e sessuali;

- la codardia;
- il bisogno di sentirsi euforici e disinibiti attraverso mezzi che ci tolgono lucidità e autocontrollo;
- le relazioni che ci mortificano psicologicamente e fisicamente;
- la superficialità;
- i luoghi comuni e i pareri scontati: la superficialità è una vera malattia;
- il desiderio di giudicare;
- il pregiudizio, in qualunque direzione sia orientato;
- il fanatismo;
- la televisione, quando vi appare qualcuno che ci considera stupidi o tenta di farci diventare tali;
- l'aggressività;
- l'avidità, l'arroganza, il cinismo, la retorica e la demagogia di certi politici, cominciando a ignorarli;
- la noia;
- le certezze;
- l'ignoranza;
- la mediocrità;
- il rancore;
- la paura;
- il pettegolezzo;
- il rimorso;
- il rimpianto;
- le schiavitù;
- il vittimismo;
- i sensi di colpa;
- un po' di luce sulla propria vita, se è troppo accesa.

ACCENDERE:

- la consapevolezza dell'umana precarietà terrena: aiuta a placare il tormentoso gioco dei conflitti;
- il sorriso, anche quando si è contrariati;
- la riflessione, nei momenti in cui tende a prevalere l'istinto cieco;
- la speranza, quando sembra che il mondo ci crolli addosso e non ci sia via d'uscita dal male;
- il sogno, quando la vita diventa grigia come in una giornata di nebbia;
- la generosità, indispensabile per meritarsi la definizione di «essere umano»;
- la voglia di viaggiare e curiosare dappertutto nel mondo;
- l'interesse per l'arte, la poesia, la cultura, la geografia e la storia;
- il bisogno di essere preparati, colti il più possibile o, almeno, informati su quello che ci circonda;
- il fuoco eterno della dignità e della semplicità;
- il buio cupo della rassegnazione;
- ciò che riesce a renderci misteriosi;
- la personalità;
- tutti gli stimoli che ci tolgono l'insicurezza;
- la volontà di essere fieri, onesti, coraggiosi e leali;
- la memoria;
- le emozioni;
- la fantasia;
- le carezze;
- l'allegria;

- il riso;
- la coscienza;
- il desiderio di pregare: un Dio, un cielo, un mare, un'entità, un essere speciale, una stella, un albero, un ricordo e tutto quello che la mente e il cuore ci indicano;
- tutto ciò che valorizza la nostra identità;
- le luci che portano verso la spiritualità;
- i riflettori puntati sulla nostra immagine, affinché essa ci aiuti a sedurre con onestà: per piacere e piacersi;
- il desiderio di piangere: significa che siamo vivi e sensibili;
- la calda fiamma della pietà;
- un po' di fatalismo;
- il senso del dovere;
- la buona educazione;
- un pizzico di follia;
- l'umorismo;
- l'ironia;
- l'umiltà;
- la pazienza;
- il perdono;
- la pietà;
- il pudore;
- la tolleranza;
- un fascio luminoso sulla morte: che guidi le nostre vite, giorno dopo giorno, come i fari sul mare di notte;
- qualsiasi oggetto che trasmetta musica;
- la luce, quando si fa l'amore: significa che si è sereni tra le braccia di qualcuno, senza remore e timori;
- le stelle, anche quando non ci sono;
- (a mezza luce) la fierezza, la dignità e l'orgoglio;

- un po' la propria vita se è spenta;
- le proprie certezze, anche se poche, precarie e discutibili.

Amarsi un po' è, anche, scrivere un libro… e desiderare che possa essere d'aiuto a qualcuno.

una lezione di vita

Voglio raccontare di un ragazzo disadattato e sfortunato, prima ricoverato nel reparto psichiatrico di un ospedale milanese e poi arrestato per aver commesso un reato non grave, ma punibile dalla legge. I genitori, separati, non hanno mai voluto saperne di questo loro figlio. L'hanno sempre rifiutato.

Fin da bambino, quindi, è stato uno sbandato, emarginato e infelice. Sono venuto a conoscenza del suo caso e ho deciso di fargli visita in carcere, ottenendo un permesso speciale.

È una bella giornata e, francamente, mi sembra bello anche il mio entusiasmo. Sono persino emozionato. Mi sento un po' meno inutile del solito. Penso che questa mia iniziativa piacerebbe ai miei genitori. E penso a quello che proverà D.C.: so che da un anno non riceve nessuna visita.

Entro dai pesanti cancelli. Sono impacciato. Nervoso. Nella sala d'attesa per le visite ai detenuti c'è una folla incredibile: nomadi, extracomunitari, vecchi con lo sguardo perduto e le teste tremolanti, tossicodipendenti amici di altri tossicodipendenti detenuti, puttane e magnaccia, gente benvestita ed elegante insieme a barboni puzzolenti. Bambini, tanti, tantissimi bambini che giocano, piangono, gridano, non sanno. Ci sono guardie che fanno la guardia e guardie che fanno dell'altro. Ci sono file. Interminabili file ai pochi sportelli. Sportelli di legno: vecchi, fatiscenti, stretti, antiquati e poco pratici.

Mi accorgo di essere ridicolo. Io, vestito di nero, con quest'aria da prete dannato, che ci faccio in questo posto? Qualcuno mi riconosce e questo, d'istinto, mi crea ancora più imbarazzo. Ma poi passa. C'è gente che mi vuole aiutare, dare indicazioni, evitarmi disagi: probabilmente si capisce che mi sento un pesce fuor d'acqua. Qualcuno, incuriosito, mi osserva e sorride di me. Mi accorgo di essere indignato. Indignato perché c'è una struttura da Medioevo. Perché c'è «la fila degli indumenti», quella degli «alimenti», quella dei «versamenti», quella dei «libri e giornali», quella del «permesso». Il permesso l'ho avuto per generosità di un giovane giudice. Ma come potrò fare cinque file?

Devo timbrare il permesso, fare un versamento, passare due libri, consegnare un pacco di abiti per D., lasciare un dolce. Ma c'è chi mi aiuta! E io, impunemente, ne approfitto. In poco tempo riesco a sbrigare tutto. O quasi. Mi accorgo che qui la parola solidarietà è una valanga, una diga. Mi accorgo che fra rutti di bambini e di sbandati, fra cosce scoperte di puttane improbabili, segnate nel fisico e nel carattere, ci sono luccicanze visibili. Palpabili. Incontenibili. Attendo il mio turno.

Sono le 11.30: mi chiamano. Non c'è un altoparlante. Tutto gridato, come nelle migliori tradizioni da terzo mondo. Che costi troppo un altoparlante? C'è gente che sbuffa. Che ha caldo. Che impreca. Che piange. Che si rassegna. Entro: i secondini mi guardano. Uno mi riconosce e mi chiede: «Cosa ci fa lei, qui?» Rispondo distratto, perché l'emozione ha il sopravvento. Vengo chiuso in una cella-parlatorio. A chiave. Dopo dieci minuti arriva D. È un ragazzino vispo, pieno di vitalità e speranza. Sono a disagio ma lui, capendolo, mi racconta cose e casi della sua vita. Lo osservo: mi pare innocente, in buona fede. Ma non sono qui per giudicare. Gli chiedo di quei denti andati in malora. Mi risponde: «Quando sono entrato non erano così. Ma quando esco li rifaccio». Il tempo passa. Il secondino incalza. Vado. Esco. Ripasso dal girone degli inferi. Ho già socializzato. C'è chi mi saluta, chi mi chiede, chi mi ringrazia. Ah, che straordinaria solidarietà! Penso agli inquisiti eccellenti, ai politici delle tangenti, ai farabutti che campano sulle bustarelle e alle spalle dei vecchi e dei deboli. Li compatisco: hanno perso tante buone occasioni per vivere con dignità. Credo non si possa descrivere fino in fondo ciò che provo: l'esaltante emozione della solidarietà dei semplici e la corte dei miracoli di chi ha poco, o niente, da perdere. Sono in strada. Apparentemente libero. L'aria è frizzante. Cerco di capire perché due genitori abbandonino un figlio-bambino al proprio destino. Non ci riesco. Mi vengono in mente le frasi contenute in due lettere di amici, da consegnare a D. Eccole: «Quando si ha un figlio, si proietta la propria vita su quel figlio e quindi è molto sottile il confine tra l'orgoglio e la delusione»; «Senza la paura ogni strada è ugualmente giusta e non ne esistono di cattive, perché non esiste quella buona».

✯ I BUONI PENSIERI

«Non puoi perdere una cosa che non hai.»

MAURIZIO CATTELAN

il narcisismo

Con quello che riporto qui sotto, apparso un po' di tempo fa sulla stampa, scritto, pare, da Faye Dunaway alla figlia ripudiata molti anni fa, desidero trasmettere un messaggio chiaro a quanti venderebbero l'anima al diavolo pur di cambiare il proprio aspetto. A coloro che rincorrono il mito della bellezza di certi divi dello schermo. Sono righe che mi hanno colpito e fatto riflettere e che dovrebbero ottenere lo stesso effetto su qualunque persona di buon senso. Se non sarà così, allora vorrà dire che sono un uomo fuori tempo e fuori luogo: un poveraccio smarrito e impotente, dentro a una società che non gli somiglia. Dove le paillettes hanno occupato il posto della vergogna.

Cara Laura, non intendo rimettere in discussione per un istante la mia scelta di vent'anni fa, e dopo questa lettera non voglio aver più nulla a che fare con te. Il mio unico gesto materno sarà quello di dissuaderti dalla folle idea di diventare attrice. Il tuo concepimento avvenne in cima al Laurel Canyon. Quando la nebbia della marijuana si dissipò, molti mesi più tardi, ero troppo incinta per abortire. Tuo padre era un bellissimo attore, troppo debole per sposarsi. Oggi tira a campare con qualche spot di dentifricio. Vive nella valle con la moglie e due piccoli mocciosi drogati. Ma anche se ti avessi concepita con un Premio Nobel saresti finita in Kansas. Ti ho lasciata perché volevo una carriera, non un figlio. Io calcolo, seduco, prendo ciò che voglio. La mia forza di volontà è superata solo dai miei zigomi sporgenti. Hollywood è un'industria che si dimena come un galeone azzoppato in una tempesta d'assurdo, in mezzo al mare dell'incertezza dove l'unica bussola è l'ambizione irragionevole e chi possiede solo talento rema in tondo o affonda. Ma la coca evapora presto e un orribile senso di morte ti assale. Non ricordi più cosa significa sentirsi bene e davanti a te vedi solo l'inferno. Allora non resta che ubriacarsi, tracannando scotch dalla bottiglia. Poi, un giorno, ti svegli e scopri d'essere finita. Questo, mia cara, è essere una star quarantenne a Hollywood. Il mito della longevità femminile vale altrove. A Hollywood una come me è in bancarotta. Sappi, allora, che quando diventi attrice devi fare un patto con il diavolo, l'unico in cui crediamo a Hollywood. Devi abbracciare il narcisismo come religione. Devi passare così tanto tempo nella cura della superficie, volto, corpo, pelle, unghie, capelli, vestiti, trucco, gomiti, collo e pori, che non ti resta un attimo per l'anima. Che tanto non serve. Io cominciai a ventiquattro anni aumentandomi zigomi e labbra. A ventotto le protesi al seno. A trentatré lifting e liposuzione. Altro facelift a trentacinque, più nuova lipo, palpebre e protesi. E così ogni sei mesi. Faccio concorrenza a Michael Jackson e dire che sono nata bella. Vuoi sapere cosa sarà di me, che non sono uscita di scena prima dei quaranta, come la Harlow e la Monroe?

Non sono né Glenn Close, che sin da piccola assomigliava al capitano di una squadra di hockey ed è diventata una star a quarant'anni, né Meryl Streep, una grande attrice, anche se ciò non la salverà. E neppure Jessica Tandy e Lillian Gish, favolose vecchiette. Le rughe e la pelle cadente per me sono la morte e temo che, d'ora in poi, reciterò solo in privato.

Baci, Mamma...

MAMMA???

✯ I BUONI PENSIERI

«Per soddisfare una piccola coscienza bastano piccole virtù.»

CATERINA ZAULI PISA

l'attesa: una pausa benefica

Ho parecchi solchi nell'anima e, per essere sincero fino in fondo, non ho ancora finito di ararlo, questo terreno argilloso che rappresenta la mia vulnerabile identità. In certi casi, lo confesso, non sono neppure sicuro che questo terreno sia di mia proprietà: troppo mondo ne sbandiera l'appartenenza costruendoci sopra strutture per me poco agibili. E io, spesso, lascio fare. A volte, spossato e impotente di fronte agli eventi. In certi periodi, le pareti di questi edifici mi tolgono il respiro, il campo d'azione, l'aria, il senso del cielo e quello della terra. Ma mi accorgo, con gioia, che imponenti tornadi riportano ogni cosa alla normalità. Puntualmente: come se una forza possente e soprannaturale mi volesse proteggere... Ed è così che la mia mente, provata e logorata da tante vicende, ritrova la strada perduta e smette di vacillare. D'un tratto, scopro che non sono più un fuggiasco e che le raffiche di vento, violente e improvvise, con la loro furia hanno spazzato ogni traccia di ciò che mi ha fatto urlare, di rabbia e dolore, come una belva ferita. Ma oggi, a differenza di ieri, conosco il valore dell'attesa e, nei momenti in cui tanti si accalcano intorno a quel mio piccolo pezzo di terreno argilloso, mi sdraio per terra e appoggio la tempia e il cuore sul terreno segnato dai solchi.

Poso bene l'orecchio, stupendo gli intrusi e gli avvoltoi, e resto ad ascoltare. È tale e tanta la mia fede e convinzione, che poco dopo distinguo una specie di scalpitio frettoloso: non sono zoccoli ferrati di cavalli ma il vento, mio amico, che spezza gli inutili recinti costruiti, malamente, dall'uomo. Spesso è un vento di burrasca che spazza via tutto. Tranne la polvere e lo sporco che si deposita nelle nostre anime.

✯ I BUONI PENSIERI

«Nella solitudine il solitario divora se stesso, nella moltitudine lo divorano gli altri.»

FRIEDRICH NIETZSCHE

l'incomprensione

È il 27 ottobre 1958. A Enego, il mio paese, si parla insistentemente del Papa che si farà. Anche noi bambini sentiamo la solennità di quest'evento. Qualcuno nomina un certo Angelo Roncalli, patriarca di Venezia. Fa già freddo, quassù in montagna. Il cielo è color del piombo e gli alberi hanno lasciato cadere le foglie dai rami per coprire la terra con manti variopinti nei toni del rosso, del ruggine e del giallo.

Sono a scuola. È quasi l'ora della campanella. È un momento che si respira nell'aria, insieme all'odore del vecchio legno dei banchi, dell'inchiostro sulle dita e a quello del sudore acre di qualche compagno che non ama il sapone. Eccola, la campanella: puntuale, squillante, festosa.

Usciamo esultanti, come sempre, per tornare alle nostre case. C'è chi lo fa ordinatamente e chi, invece, incuriosito dal forte vociare all'esterno, guadagna l'uscita in velocità. Qualcuno, infatti, grida e si agita, lì sul piazzale. Le finestre delle case intorno si aprono come bocche avide e si affacciano donne giovani, vecchie, uomini. Gridano: «Correte!» Nessuno bada a noi. Nessuno, oggi, ci è venuto a prendere. È un fuggi fuggi generale. Un ragazzone salta giù da un'impalcatura e corre verso la contrada vicina. Siamo tre o quattro scolaretti. Ci dirigiamo verso il luogo dove si recano tutti: la casa di una nostra compagna. Ci si arriva in fretta, perché è a pochi passi dalla scuola. Lì c'è chi urla. Chi è ammutolito. Chi piange. Chi prega. Si è formata, intorno alla casa, una folla impressionante. In mezzo alla gente, si fa avanti una donna con il grembiule fiorato: è mia madre. Nessuno nota noi bambini che, ignari di tutto, ci teniamo per mano. Qualcuno, con fare autorevole, grida: «Via, via di qui». Come bastasse, il fare autorevole, in tutto questo tumulto. Ora vedo di nuovo mia madre: sta uscendo dalla porta di quella casa. È fradicia di un liquido rosso. Corrono tutti verso di lei che sorregge qualcosa. Altre donne, dietro, tengono un lenzuolo macchiato di rosso. Caricano un corpo su un'auto che parte veloce facendosi largo tra la folla vociante. Dentro a quell'auto, vedo allontanarsi mia madre. Sono smarrito. Non capisco. Qualcuno mi porta a casa e mi dice che Vanni, un amico dei miei genitori, per colpa di un forte esaurimento nervoso ha assassinato la moglie e a sua volta ha tentato di togliersi la vita. Ora è in quell'utilitaria diretta all'ospedale di Feltre. Arriverà cadavere. Nel novembre dello stesso anno trovano in quella casa, dietro ai ritagli di cartoline illustrate, usati per decorare i piattini in vetro degli interruttori, questa sua frase indirizzata a tutti coloro che lo conoscevano e ripetuta più volte: «Non mi avete capito».

✯ I BUONI PENSIERI

«Il comandamento dell'amore è l'unico ostacolo assoluto contro l'istinto di morte.»

SIGMUND FREUD

quando si cede a certe tentazioni

Per chiarire l'idea che mi sono fatto sulla debolezza umana, racconterò una breve favola. Vera. C'era una volta una ragazzetta molto bella, alta e ben fatta, dall'espressione inquietante e dalle movenze insinuanti. Veniva da un paesino della Provenza, si chiamava (o si chiama) Josie. Tutti prevedevano per lei un grande successo come modella. Insieme, facemmo un servizio fotografico per dei costumi da bagno. Era il lontano 1980. Diventammo due buoni conoscenti che si scambiano qualche confidenza. Un giorno, mi disse: «Ho conosciuto uno che mi fa un sacco di grossi regali. È ricco, anziano, con tante case, gioca ai cavalli e organizza serate mondane favolose».

«Ah, che bello», commentò un sempliciotto che stava in nostra compagnia. Ohi, ohi, pensai io.

Purtroppo, nella gara alle previsioni fu il sottoscritto a spuntarla. Lei era debole, succube di quel tizio, ingenua, impreparata e, purtroppo, pigra. Lui era, semplicemente, un coglione danaroso e arrogante.

Gli anni a seguire, per Josie, furono una catastrofe. La incontravo con addosso begli abiti firmati, pellicce sontuose, gioielli costosi che brillavano come lampadari accesi. Ma, ahimè!, c'era il suo sguardo che non brillava, che non si accendeva. Né col riso né col pianto, né con la buona né con la cattiva stagione. Perché le stagioni, Josie, le aveva vissute tutte. Vissute e bruciate per un uomo che l'ha comprata. Da tempo, non so più nulla di lei. Chissà che fine ha fatto... La sua vicenda, però, mi ha portato a trarre una conclusione che vorrei trasmettere a chi, innocentemente, pensa che far parte di un certo mondo sia una garanzia di felicità e di appagamento, mentre a volte diventa fonte di amare disillusioni. Purtroppo, non esistono formule o segreti per fare certe professioni basate sul sogno e, spesso, sull'effimero. Né per queste né, credo, per altre. Qualcosa è però determinante, anzi indispensabile: il cervello. Se lavora e funziona a pieno ritmo, allora significa che c'è la razza. E se c'è la razza, fotomodella o lavandaia, regista o idraulico, stilista o imbianchino, regina o barbona, il gioco è fatto. In tal caso si può apparire, con fierezza, come si è. È allora che si decide il nostro destino.

✯ I BUONI PENSIERI

«O si pensa o gli altri devono pensare per noi.»

FRANCIS SCOTT FITZGERALD

ah!, l'Italia

A volte l'ottimismo che continua a sorreggermi, nonostante le tante batoste della vita, mi viene a mancare. È una calda sera d'estate e mi trovo in Romagna, terra «solatia e dolce Paese» del Pascoli. Occupo una camera d'albergo con una terrazza sul mare. Accanto a me, una famigliola che discute con garbo. Osservo le bandiere colorate che sventolano; il rosa discreto del cielo, invaso da grandi nuvole grigie che creano, con la loro imprevedibilità, un incantevole gioco cromatico; l'increspatura dell'acqua; le prime luci dei lampioni che si accendono riflettendosi sulle vetrate degli alberghi del litorale fino a creare uno stupefacente, interminabile effetto scintillante; gli ombrelloni chiusi e protetti da scuri e ordinati cappucci che li fanno sembrare una schiera di dervisci; vecchi sorridenti e sdentati che scendono da un pullman proveniente da Timisoara, danzando per la strada il loro stupore sulle note di arie tzigane che escono, a volume discreto, dal mezzo di trasporto. Chiudo gli occhi e sento il rumore del mare, le canzoni estive in lontananza. Annuso il profumo della sera, tipico dei mesi di calura e percepisco i miei colorati pensieri. Che bella Italia, mi viene da pensare.

È passata solo qualche ora: stanotte non ho chiuso occhio per via del tifo vociante, rumoroso, violento e interminabile dedicato al calcio, ai mondiali e alla vittoria della nostra nazionale sulla squadra dell'Ucraina. Mi chiedo: tutta questa gente saprà cosa sta accadendo in Ucraina? Conoscerà i gravi problemi di quel Paese? Se li conoscesse, avrebbe manifestato la stessa incontenibile esultanza? Avranno pensato, tutti questi rumorosi umani che forse qualche vecchio e qualche lavoratore stanco hanno bisogno, a notte fonda, di riposare? Un conto è la tifoseria entusiastica, un altro l'esaltazione fanatica ed egoistica. Sapranno, gli esultanti, che per la cultura e l'arte, in questa nostra nazione, lo Stato investe poco o niente e si renderanno conto che, senza, un Paese è destinato al declino? Scenderebbero in piazza così numerosi e rumorosi anche se un connazionale inventasse il vaccino contro il cancro?

Scuoto il capo, in silenzio, e osservo centinaia di persone allineate ad arrostire sotto il sole in compagnia di rumori, schiamazzi, esibizionismi di ogni genere e giornali sui pettegolezzi dei cosiddetti VIP, un tempo very important person, ora very important «pirla».

Passo davanti a un fruttivendolo e sento due anziani che, mestamente, rinunciano alla voglia di mangiare una manciata di ciliegie: troppo care, per le loro tasche. Santo cielo, mi dico, che brutta Italia!

✯ I BUONI PENSIERI

«La caduta livella tutto. Camminiamo tutti su macerie impeccabili.»

TONI THORIMBERT

il conforto della preghiera

La preghiera è un balsamo. Non conta a chi è rivolta: conta quanto ci si crede. Conta l'intensità con cui si prega. Conta il trasporto dell'anima. Ci si ama un po' anche attraverso la preghiera. Pure l'ateo, ne sono convinto, a modo suo crede in certe entità e le cerca quando il suo spirito ha bisogno di elevarsi. Nulla, a volte, dà maggior conforto di una preghiera. Ognuno può pregare a modo suo.

Io ricorro spesso alla preghiera. Rivolgo a Gesù Cristo le mie suppliche . A volte abbracciandomi, quasi rannicchiandomi su me stesso. In qualsiasi luogo, momento e circostanza. Chiedo a Dio di concedermi la saggezza di mio padre e la fierezza di mia madre; l'onestà e l'umiltà di lui; il fiuto, l'intuito, il coraggio e l'energia di lei. Gli chiedo di lasciarmi un po' di innocenza nell'anima. Di darmi la possibilità di essere chiaro e sincero con il mio prossimo senza, per questo, ferirlo. Di misurare la mia impulsività e di darmi quello spirito analitico che, spesso, mi manca. Di farmi provare le gioie e i godimenti della carnalità coniugandoli con l'appagamento dello spirito. Di concedermi il misticismo gioioso, soprattutto quando sono triste e malinconico. Di darmi i giusti segnali per capire chi mi sta accanto e fare in modo che ci stia per amore. Di evitarmi, se possibile, tutto ciò che mi fa apparire ridicolo e meschino. Di darmi la forza per sorridere sui miei malanni e di pensare a chi sta peggio. Di lasciarmi il senso di giustizia cui ho cercato di improntare tutta la mia vita ma, nel contempo, di liberarmi dall'ossessione di questo principio. Di farmi amare il prossimo anche quando non sento di amarlo. Di darmi la capacità di perdonare e far sì che mi perdonino i tanti che, a volte, volontariamente o involontariamente, ho ferito.

Chiedo, attraverso la preghiera, di lasciarmi curiosare nella vita come ho sempre fatto. Di farmi incontrare persone che m'insegnino qualcosa di umanamente elevato. Domando spesso, a Cristo, un regalo: di concedermi, quando dovrò lasciare questo mondo, di trovarmi a Sud, dove il sole tinge di fuoco i confini e l'effluvio di zagare e rosmarini si fa sentire, forte, dentro le narici; dove le risate dei semplici si confondono con il frinire delle cicale. Vorrei che Dio, quando comparirà nel cielo la luna della mia ultima notte, concedesse a qualcuno che amo di vedere la mia anima volare in alto. E che la luna, quella notte, fosse tonda, luminosa e mai sfiorata dal piede dell'uomo.

✯ I BUONI PENSIERI

«Fulminarsi, toccando le stelle.»

MARIA LUISA SPAZIANI

la pietà e la disponibilità verso i bisognosi

Siamo, spesso, portati a pensare che la pietà sia più sentita in alcune parti del mondo piuttosto che in altre. Personalmente, ho avuto la prova che tra i poveri esiste maggiore solidarietà. Nei Paesi più ricchi la si pratica molto meno. La zona, comunque, geograficamente parlando, poco conta: è l'uomo, purtroppo, che conta poco. Io ho seguito, sporadicamente, la terribile e lenta agonia di un amico malato di AIDS. Ho visto i suoi figli che lo assistevano, un maschio e una femmina, nella loro casa di Milano. Li ho visti occuparsi di tutto: lavare il padre devastato in ogni parte del corpo; pettinargli i pochi capelli attaccati alla cute piagata; pulirgli la bocca; tagliargli le unghie; assisterlo durante i suoi bisogni e, di conseguenza, procedere alle operazioni igieniche del caso. Quanto amore avevano quei giovani figli nei confronti di quel povero padre, già ridotto a uno spettro vivente! Ora sono soli: la madre è morta suicida. Sono dei bei ragazzoni sani, onesti, puliti e volenterosi. Hanno aperto delle loro attività in altre città, lasciando Milano, luogo in cui forse i ricordi sarebbero stati ingombranti e insopportabili. Quante volte ho accarezzato quel mio amico, nonostante il viso deturpato dalla malattia. Quante volte gli ho baciato teneramente la fronte, nonostante i segni del morbo la rendessero ripugnante! Non per questo mi sono ammalato, non per questo sono rimasto contagiato, non per questo mi sento migliore di altri. Riguardo alla mancanza di pietà, non resta che fare le solite considerazioni sull'egoismo degli uomini e pensare, comunque, tanto per trovare in ogni situazione un lato positivo, a quegli infermieri che rispondono al bando di concorso per i reparti ospedalieri di malattie infettive. Per loro, accettare il posto di lavoro è un rischio: non siamo tutti uguali, per fortuna. C'è anche oggi, vivaddio!, qualcuno che ha capito quanto sia importante, in questa società così arida e insensibile, il valore dei sentimenti.

✯ I BUONI PENSIERI

«Chi predica la solidarietà in astratto è maturo per diventare servo di corte.»

PIERO GOBETTI

riconoscere, già da giovani, l'importanza della cultura

Quando si è giovani, ci si convince spesso che la bellezza e il denaro rappresentino tutto. Ricordo che parecchi anni fa, nella compagnia che ogni tanto frequentavo, c'era un uomo bello, potente e ricco che si beava di questa sua condizione privilegiata. Al ristorante esibiva di continuo la sua competenza in fatto di vini e cibi, sottolineando, ironicamente, la differenza sociale fra lui e i commensali.

Io, all'epoca, ero il più povero di tutti e rammento quanto mi infastidivano i suoi discorsi e i rimproveri pubblici a camerieri e a gente semplice e umile che svolgeva lavori pesanti. La sua unica cultura era conoscere tutto ciò che è superficiale e quello che per lui rappresentava una ragione di vita: il lusso. Quel tipo di lusso! In seguito, esasperato, evitai di frequentarlo. Poco tempo fa l'ho rincontrato, solo, invecchiato e curvo, al parco di Porta Venezia, a Milano. Era ancora insolente e, nonostante un tracollo economico che gli ha segnato la vita, parlava come se fosse un potente banchiere. Sono stato un po' lì, accanto a lui, seduto sulla stessa panchina. Gli si è avvicinato un bambino desideroso di giocare ma la tata, una donna con l'accento sudamericano, gli ha imposto di «non disturbare il nonno». Questo gli ha dato fastidio fino al punto di manifestare in pochi secondi tutto il suo livore verso la «plebe», le differenze sociali, i barboni, i giovani e quant'altro.

«È una magnifica giornata di sole, vedi che bel cielo terso c'è oggi», gli ho detto. «Stasera c'è un concerto di Rachmaninov all'Auditorium di Milano. Perché non vai?» ho aggiunto.

«Chi è Rachmaninov?» ha borbottato lui. Ho sorriso. Mestamente. Consapevole che i giovani belli e ricchi dovrebbero ricordare, finché sono in tempo, che non c'è nulla di peggio di un vecchio ignorante e presuntuoso.

✯ I BUONI PENSIERI

«Più la vita è vuota, più diventa pesante.»

GILBERT CESBRON

il valore dell'altruismo

Avendo sperimentato sulla mia pelle cosa vuol dire non avere un soldo, sono in grado di capire perfettamente il significato della generosità. Ricordo quando mia madre mi accompagnò a Venezia, dove avrei iniziato a frequentare l'istituto d'arte. Era un settembre di molti anni fa. Ci portò un amico di famiglia, Mario Boscardin, con la sua auto. Quando la città mi apparve da lontano, percorrendo il ponte che la unisce alla terraferma, avevo dei pensieri incerti e la voce mi tremava. Mamma mi guardò, commossa e rassicurante. Mi sembrava bellissima nel suo tailleur blu scuro e con quel filo di perle false che avevo vinto alla pesca in un luna park di Bassano del Grappa. La invidiavo per la sua insolente sicurezza! Com'era possibile che una donna povera e priva di cultura avesse in sé tanta determinazione e coraggio, nonostante le umilissime origini?

Girammo tutto il giorno, incantati dal mistero di Venezia e intontiti dalla frenesia turistica del luogo. Verso il tramonto, accompagnai la mamma all'imbarcadero di San Marco, prima di ritirarmi in collegio. Accanto a me c'era un signore che aveva fatto da tramite per i contatti con la direzione della struttura che mi ospitava. Era ricco, ricordo. Ma non signore, purtroppo! I miei genitori erano stati molto generosi con lui, ospitandolo per lunghi soggiorni in montagna, e tuttavia non si prodigò per evitare alla mamma, che pure appariva affaticata, il tragitto in vaporetto. A un certo punto mi disse, senza esitazione: «Meglio il mezzo pubblico, il motoscafo mamma non se lo può permettere». Subito mi venne da pensare che quell'uomo avrebbe fatto sognare mia madre regalandole quella corsa in motoscafo. E avrebbe attenuato il suo dolore per il distacco dal figlio. Non lo fece. In quel momento, il sole rendeva dorate le cose e le figure. L'acqua, olivastra, brillava. I gabbiani e il vociare della gente coprivano il sussurro lieve del nostro ciao. Mamma salì sul vaporetto, sorridendomi. Dignitosa, come sempre. Già allora capii che sono nato da gente povera, non da povera gente.

✯ I BUONI PENSIERI

«L'amore non è mai sprecato, è solo incompiuto.»

ANNA LAURIA

la fragilità

Pensando alla fragilità, mi viene in mente Laura Antonelli: una donna priva, ormai, di qualsiasi difesa. Ma non si diventa così dalla sera al mattino. Si è predisposti. Prima di incontrare la droga ci si imbatte in chi la vende e, prima di incontrare chi la vende, si incontra chi prepara le occasioni per cadere nello stato d'animo che conduce verso questo tipo di venditori. Perciò, nel corso della vita, è necessario frequentare gente perbene. Nel caso della Antonelli, troppa gentaglia le è stata vicina. Un tempo i furfanti, i maramaldi e i cialtroni hanno vissuto i loro «momenti di gloria» accanto a quella che, allora, era la diva del momento. Diva davvero! Al punto che persino il grande Visconti la volle protagonista del suo film *L'innocente* nel ruolo della sfortunata eroina del testo dannunziano. Allora, Laura Antonelli era ricca, possedeva case lussuose e con una telefonata poteva farsi ricevere da registi importanti come da capi di Stato. E ha aiutato tanta gente. In quel periodo la Antonelli, per un banale mal di denti avrebbe avuto, a domicilio, i migliori dentisti d'Europa. Ora che il risultato delle sue frequentazioni si è tradotto in un passaporto per l'ultimo confine, chi la può aiutare? Perché, adesso che ha perso la voglia di vivere, che ha venduto anche le mutande per poter mangiare, che il suo viso è distrutto dalla solitudine e dalla disperazione (nonché da qualche sostanza destinata agli animali che qualche farabutto le ha iniettato), che ha il passo incerto, il corpo sformato, l'occhio vitreo e lo sguardo vacuo non trova nessuno disposto a darle una mano? Dove sono finiti i registi importanti (e ricchi), gli attori importanti (e ricchi), i politici importanti (e ricchi), i potenti di questo Paese, di qualsiasi fede e professione (ricchi) e i «veri» amici (ricchi e non ricchi) che l'hanno conosciuta, e celebrata, ai tempi d'oro? Stanno a guardare indifferenti? Lo sanno, costoro, che questo atteggiamento si chiama egoismo, codardia e vergogna? Io, per quel poco che posso, pur non conoscendo personalmente Laura Antonelli, sono pronto a mettere a disposizione la mia professionalità, me stesso e, cosa sicuramente necessaria, anche il mio portafoglio. Chi lo crede giusto, si faccia avanti. Lontano dalle scene, dai riflettori e da chi applaude. Il mondo dei giusti non ama gli applausi.

✯ I BUONI PENSIERI

«Nella prosperità i nostri amici conoscono noi. Nell'avversità noi conosciamo i nostri amici.»

John Churton Collins

i danni della meschinità

Secondo me le persone più meschine al mondo sono quelle che infangano il prossimo, infamandolo. E nulla è più infamante del cosiddetto «portare jella» quando si cerca di annientare un altro. Io biasimo e disprezzo chi utilizza certi sistemi vergognosi per rovinare l'esistenza altrui.

Penso, tanto per fare un esempio, alla triste e intensa vita di una grande donna, straordinaria interprete della musica italiana, campo in cui l'intelletto e i pensieri dovrebbero volare alti. Ho in mente anche i nomi degli sciagurati cialtroni che l'hanno condannata a morte con le loro insinuazioni. Non dimenticherò mai cosa ho visto ai suoi funerali: un vero festival di ipocriti. In quella triste circostanza, ricordo qualche galantuomo mescolato a un'infinità di mistificatori e di avvoltoi travestiti da persone perbene. Omuncoli repellenti, con lo sguardo spietato e privi di coscienza, assetati solo delle disgrazie del prossimo. Gente con un occhio fisso sulla bara di chi loro stessi hanno mandato al Creatore, e l'altro sulle luci accese delle telecamere. La calunnia è la carta d'identità dei vigliacchi e certe maldicenze appartengono solo agli infami. Vivendo, ho capito che gli idioti, quando non sanno come ferire chi li ignora e non li considera, lo condannano all'annientamento, dicendo che porta sfortuna.

Auguro a questi imbecilli di essere perdonati dalle loro vittime. Perdonarli, augurandogli lunga vita, affinché possano coabitare con i loro rimorsi, è un severo castigo. Il rancore, d'altronde, si attenua col tempo, mentre il perdono è il più significativo vaffanculo a chi ci ha ferito.

✯ I BUONI PENSIERI

«Avere una cattiva opinione degli uomini senza voler fare loro del male è la forma più alta di virtù.»

WILLIAM HAZLITT

la mancanza di generosità

Trovo, fra le mie carte, note di vicende accadute durante gli ultimi anni nel nostro Paese e a Milano, dove vivo. Fatti e misfatti che ci indicano che razza di bestie siamo noi uomini e di quali nefandezze, cattive azioni e gesti impietosi siamo capaci!

Nel capoluogo lombardo vengono ritrovate due anziane sorelle, sole, abbandonate in condizioni penose fra la sporcizia, talmente provate da rasentare una morte misera e crudele. Le trovano quelli del servizio sociale e, toh!, si scopre che hanno un vergognoso nipote che volutamente ha tenuto nascosto il caso per intascare le loro due pensioni.

Sempre a Milano scoprono una donna, badante a ore di una vecchia malandata, che si è fatta intestare la casa da lei e dare la delega per incassare la pensione. La legge, però, la punisce con una pena ridicola, quando, invece, queste odiose forme di sfruttamento (soprattutto su bambini e anziani) andrebbero punite con i lavori forzati.

Ancora a Milano. Ai servizi sociali stanno preparando la pratica per pagare la retta di una vecchia ricoverata in una casa di riposo per anziani della città ma, inaspettata, arriva una notizia incredibile: scoprono che, dopo il ricovero, un suo nipote le ha venduto l'appartamento a sua insaputa, le ha cambiato la residenza e si intasca, anche lui, la sua pensione.

Ecco un'altra notizia su due poveri anziani di Savona: li trovano in un hard discount con un paio di scatole di biscotti, un salamino, qualche formaggino e un pacco di spaghetti. Rubati, dopo un lungo calvario: pochi euro di pensione in due e duecentocinquanta euro di affitto mensile da pagare. Lui alla soglia dei settant'anni, lei sessantaquattro. Abbracciati, seduti davanti a un ispettore di polizia presso il quale li ha portati un crudele, spietato e impietoso guardiano del negozio, raccontano la loro odissea, le loro giornate di stenti e privazioni. Un gesto di pietà basterebbe per non ferire ulteriormente la loro dignità, per far loro una lieve carezza e chiudere il caso. Invece no: il commesso, miserabile nell'animo, insiste per la denuncia e i poliziotti, facendo violenza alle loro coscienze, li incriminano ma, prima, i sentimenti umani hanno il sopravvento e si offrono di accompagnare i coniugi alla povera abitazione in cui dimoravano e danno del cibo e dei soldi. Di tasca propria, ovviamente. Ma non si pensi che gli spietati siano a Savona e le carogne a Milano. Nooo! I mostri sono anche nella stanza accanto o, peggio ancora, ci alitano sul collo, abitando con noi. I vecchi e i bambini, in questi casi, sono i più vulnerabili e i meno difesi. Ma le tenebre arrivano per tutti e, se la notte non possiede bagliori, è inutile cercare candele per rischiararla. È allora che strane ombre invadono il nostro girovagare e peregrinare fino a farci impazzire per i rimorsi che nessuno può sopportare da solo. Il destino dei meschini è quello di crepare da fuggiaschi.

✯ I BUONI PENSIERI

«Nulla impoverisce quanto l'avidità.»

CLARENCE EDWIN AYRES

il valore del fatalismo, del sacrificio e della forza d'animo

È soprattutto la frenesia del correre quotidiano verso il potere, il denaro, il benessere che caratterizza l'Occidente. Il nostro consumismo non potrà mai far rima con il fatalismo dei saggi e di coloro che campano, felici, in povertà.

A Calcutta, per esempio, dove vivono circa venti milioni di persone, molte derelitte e disperate, la strada è tutto: ci si vive e ci si mangia quel poco che c'è da mangiare. Ci si lava e ci si rade per evitare i pidocchi! Si crepa, anche, lungo quelle strade. Mentre corpi umani senza vita galleggiano sulle acque dell'Hoogly. Ma il dolore non abita da quelle parti. Tutto si fa con gioia, con il sorriso: dal parto al falò per bruciare i morti; dalle trecce unte con olio di gelsomino alle cure per i mutilati, i piagati e i malati di scabbia. Il passare del tempo è una regola da rispettare e amare, laggiù. In attesa di un segno che noi qui, purtroppo, non conosciamo. Perché siamo piccoli, egoisti, meschini, derelitti e più disperati di loro. Perché siamo poveri di pensiero, abbandonati alle grettezze quotidiane e miseri nell'anima. Perché non conosciamo, per davvero, il sole. Né la luna; né le maree; né i cieli delle burrasche; né, tanto meno, il passaporto per l'Aldilà. Viviamo cercando soddisfazione in tutto ciò che ci porta risultati effimeri. Vogliamo tutto con estrema facilità, dimenticando che ogni conquista richiede impegno, capacità e meriti. Si vuole tanto, e subito, con un'avidità e un egoismo impressionanti.

La parola sacrificio non rientra fra quelle da considerare. Così le nostre vite non si basano su valori solidi. Perché ogni storia umana interessante parte da percorsi sacrificali. Il sacrificio rende forti gli uomini; lo stoicismo rende imbattibili gli eroi.

✯ I BUONI PENSIERI

«Torniamo indietro e sarà un progresso.»

ENNIO FLAIANO

l'omosessualità

Credo, francamente, sia ora di farla finita con questa storia degli imbarazzi che si possono provare di fronte alle manifestazioni variopinte di certi omosessuali. Personalmente non condivido alcune esagerazioni e le considero, a volte, cause di sofferenza, disagio e isolamento per chi le pratica. Penso, insomma, che certi atteggiamenti degli omosessuali siano puro masochismo. Ma non giudico. Né, tanto meno, provo disagio. Mi capita, a volte, di partecipare a convegni e manifestazioni in cui si parla di omosessualità. Vengo invitato perché dico ciò che penso e perché sessualmente non mi sono mai posto steccati e confini. Bene, può sembrare incredibile, ma quasi sempre ogni dibattito diventa incandescente e tutti finiscono per scannarsi. I preti dicono la loro. E giudicano. Gli psicologi dicono la loro. E giudicano. I contrari dicono la loro. E giudicano. I favorevoli dicono la loro. E giudicano. È tutto un giudicare, insomma. E un condannare o un assolvere. Nemmeno i sacerdoti riflettono sull'immenso amore e le parole di comprensione di Gesù Cristo. Nessuno pensa, per esempio, che accanto potrebbe avere un figlio, un genitore, un fratello, una madre, una sorella o addirittura un compagno o una compagna che vivono nascondendo un sentimento o un'attrazione omosessuali. Gogna, assoluzione, accettazione, imbarazzo: eccoli, i soli termini che sa usare molta gente. Sempre pronta a puntare il dito. Sarebbe bene ricordare che chi pone agli altri, o a se stesso, una questione su un presunto problema di un suo simile rappresenta, inconfutabilmente, il reale problema. Il che crea complicazioni infinite.

Mi capita, purtroppo sovente, di confrontarmi con persone che vivono la diversità sessuale altrui come un fastidio personale. La modernità ci ha portato ad affrontare il tema ma, ahimè!, non a liberare le menti. E molti continuano a soffrire perché non possono assecondare le loro inclinazioni con serenità e tranquillità. C'è chi chiede di parlarne. Di discuterne. Di scriverne.

E io lo faccio, seppure con un certo turbamento, cominciando con il ricordare un episodio accaduto un po' di tempo fa nell'hinterland milanese: a scuola, sul giornalino, un ragazzino di quattordici anni scrive che desidera morire. Non tanto per avere scoperto di essere omosessuale ma per l'incubo in cui il suo prossimo lo costringe a vivere: ingiurie, prese in giro, battutine, percosse. Dopo la pubblicazione della drammatica lettera, ecco l'onda della solidarietà. Grande, immensa e doverosa. Ma c'è chi non vuol sentir ragioni e chi, scuotendo il capo, arriva a dire: «Che disgrazia per quei genitori!» Ma chi scuote il capo? Soprattutto gli adulti. E chi è solidale? Soprattutto i giovani e le donne. E ora, io, cosa scrivo? Che le donne, come sempre, sanno essere più comprensive, meno moraliste, più aperte e disponibili? Lo penso, l'ho sempre detto, l'ho scritto. E lo riscrivo. Che l'incomprensione verso i giovani omosessuali è una delle cause più comuni di suicidio? È bene ricordare che si parla di almeno duecento morti l'anno e di cinquecento tentativi, tutti riferiti ad adolescenti. L'ho scritto. Che certe frasi del tipo: «Preferiva cantare e danzare anziché guardare 90° minuto», denotano lo scarso quoziente di intelligenza di chi le ha pronunciate? L'ho scritto. Che l'adulto, così pronto a giudicare il caso del ragazzino una disgrazia, rappresenta quelle disgrazie «adulte» di cui l'Italia è drammaticamente piena? L'ho scritto. Ma forse, e per finirla, è meglio che scriva invece di quando mia madre, in passato, si è trovata a giustificare qualche atteggiamento di questo suo inquieto e selvatico figlio, sempre curioso di provare emozioni e misurarsi con tutto. Anche con il sesso. Era un caldo mese di primavera, all'interno del panificio di Enego, il mio paese. Una pettegola del posto, madre di un figlio ubriacone e sfaccendato, disse alla mia: «Si dice in giro che tuo figlio sia un depravato». E mia madre, dopo un solo attimo di esitazione: «Del tuo dicono sia stupido. Credimi: meglio depravato, che stupido».

✯ I BUONI PENSIERI

«È indispensabile capire, per non giudicare errore tutto quanto è diverso da noi.»

VITTORINO ANDREOLI

non perdiamo la capacità di stupirci

Ho l'impressione che si tenda ad adottare certi luoghi comuni come regole matematiche di vita. La nostra superficialità, a volte, ci porta a dare giudizi retorici e insulsi.

Qualche anno fa ricevetti una lettera, che conservo ancora, piena di poesia e di candidi pensieri intelligenti. Ancora oggi, leggendola, provo la stessa sensazione di quando bevo un bicchiere di acqua fresca in una giornata torrida. La lettera è di Davide Rambaldi, di Monteveglio, che fa volontariato e si occupa di coloro che, a volte, sorridono teneramente sulla nostra superficialità e sulle nostre convinzioni.

Eccola:

Paolo ha trent'anni. Conta fino a due. Uno e due li fa facili, poi si ferma e, regolare, dice quattro. O cinque. Poi salta in qua e in là. Ha provato più volte a inserire il tre. Niente da fare. Il tre fa schifo, non ci sta. Paolo non lo dice, ma del tre sottende che si può fare senza e, d'altronde, il tre non è mai entrato nelle cinque cose per cui vale la pena di vivere.

Paolo è entrato in un istituto a otto anni e ne è uscito a diciotto. Allora era magro. Oggi pesa quasi un quintale e quando cade per terra si fa male alle gambe. Già, Paolo è epilettico e cade spesso. Con quei due baffoni da mugik e quel naso schiacciato dalle cadute all'inizio fa un po' impressione. Poi, diventa bellissimo. Chissà perché, succede spesso così con gli handi. Diventano bellissimi. Anche se sono storti, sbavano e hanno i denti schifi. È una luce che, spesso, i normali se la scordano. Beh, a Paolo piace girare in macchina. Di fianco, seduto sul sedile, vedevo che ogni tanto abbassava la testa. Perché cavolo abbassa la testa, mi domandavo. Poi, andammo in autostrada. I ponti. Paolo abbassa la testa quando passiamo sotto i ponti. Poco geniale? Ho iniziato a farlo anch'io, senza dire nulla. Solo che quando lo faccio io lui si mette a ridere. Perché?

✭ I BUONI PENSIERI

«Un passero in una gabbia per aquile è libero.»

STANISLAW JERZY LEC

le occasioni mancate

I miei genitori non potevano dedicarsi molto a me quando ero piccolo, anche se figlio unico. Troppo lavoro: il bestiame da accudire, il lavoro dei campi, il fieno dei prati, le vacche da mungere e il formaggio da fare. Non era colpa loro: dovevano mandare avanti la baracca per campare. A prendersi cura di me c'era però Teresa, la sorella maggiore di mia madre. Non che lei se ne stesse con le mani in mano, ovviamente. Doveva occuparsi dei figli che le erano rimasti in casa e, qualche volta durante l'anno, di quelli emigrati in Svizzera. Quando scendevo in paese, a Enego, dalle montagne di Lambara, era lì, sulla strada bianca e ghiaiosa che portava verso via Lecche, ad attendermi come un cane fedele. Mi teneva con sé per qualche ora e poi mi riaccompagnava, sempre, sulla strada del ritorno. Mi metteva in tasca duecento lire, una banana e mi fissava con quel suo sguardo nero ma solare che mi teneva compagnia lungo tutto il viaggio, attraverso i boschi e le radure. Questo è solo uno dei ricordi di zia Teresa. Ne avrei mille, uno più struggente dell'altro. Oggi, la rammento spesso: alta, vestita di nero, ossuta, con le sue mani magre che mi cingevano affettuosamente e delicatamente il collo. Ricordo i suoi capelli scuri e lunghi che si pettinava ogni giorno, con cura maniacale, e ungeva di brillantina alla lavanda per formare una crocchia perfetta fissata con pettini d'osso. Ricordo le sue occhiate severe ma profondamente affettuose. E ricordo anche la mia stupidità e il mio egoismo il giorno in cui mia madre, telefonandomi, con la voce mesta mi disse: «Zia Teresa...» Il resto lo capii da solo. Piansi. Ma ai funerali non ci andai. Un impegno di lavoro, appena assunto, me lo impedì. La mia carriera di rampante costumista in quel momento era più importante. Che imbecille! Ora, spesso, le chiedo perdono. Ogni tanto passo dal cimitero e mi fermo a riflettere davanti alla sua tomba. La sua immagine, sbiadita dai tanti inverni di montagna, mi rassicura e conforta, come un giorno di sole nei mesi freddi del cuore. Ah, zia Teresa! Nessuno al mondo potrebbe sostituirla dentro il mio cuore, a costo della vita.

✯ I BUONI PENSIERI

«Le cose più preziose nei versi e nella vita: quelle mancate.»

MARINA CVETAEVA

la forza di un pianto liberatorio

La solitudine, quando bussa alla porta di chi la chiama, trova le stanze vuote di cose e persone. È necessario farsela alleata. Complice. Confidente. Perché è la mancanza di stimoli e interessi a farci sentire soli e disperati. Mario Stefani, un poeta veneziano da poco scomparso, sui muri della *Trattoria Da Bepi*, un posto dove vado con piacere quando sono a Venezia, ha scritto questo profondo pensiero: «Solitudine non è essere soli: è amare gli altri inutilmente». Credo che donarsi rappresenti una chiave importante per vivere serenamente. Dispensare amore a chi ne ha bisogno è gratificante: si prova la stessa sottile e impagabile sensazione di quando si è tanto amati. Si vive una specie di privilegio. La sofferenza non va mai evitata: deve diventare l'università da frequentare per essere un buon impiegato del vivere. Personalmente, la sofferenza la frequento: dal troppo gioire non si impara un accidenti! Ogni tanto sento anche un irrefrenabile, liberatorio e salutare desiderio di piangere.

Un giorno, a Lisbona, nella grande piazza del Commercio, assaporavo il magico incanto che mi procura quella città ogni volta che ci torno. A un certo punto ho visto arrivare da lontano un bel ragazzo, alto, giovane. E piangeva. Piangeva a dirotto. Si vedeva che erano lacrime di profondo dolore. D'istinto, mi è venuta la tentazione di fermarlo, di asciugargli il viso, di abbracciarlo. Ma mi ha trattenuto l'impeto con cui lui avanzava. Un misto di disperazione, senso di libertà e forza di volontà. Ed era uno straordinario e intenso spettacolo per imparare a vivere. Andava verso il mare e il sole, il ragazzo, come un berbero va, incurante, verso una tempesta di sabbia nel deserto. E, lo assicuro, la sua forza nell'incedere era talmente impetuosa che potrei dire di averlo accompagnato idealmente, verso l'orizzonte, con la mia fantasia e i battiti del mio cuore, sulle note del *Bolero* di Ravel.

✭ I BUONI PENSIERI

«Quelli che si controllano sono capaci delle più grandi nefandezze.»

RAFFAELE MORELLI

gli effetti della codardia

L'esempio più ripugnante della vigliaccheria e della codardia è il nonnismo: tipico di soggetti falliti e malvagi che trovano così una motivazione alla loro triste e squallida esistenza.

Tempo fa il figlio di un mio caro amico, soldato in una caserma del Nord Italia, in un giorno piovoso di novembre, dopo aver scritto una bella lettera ai genitori, ha deciso di farla finita. Ha aperto una finestra, l'hanno visto farsi il segno della croce, qualcuno ha urlato, ma lui, testardo e disperato, ha guardato per un istante il vuoto e, pafff, si è sfracellato sul bel pavimento che profumava di cera appena passata, così è stato anche più facile ripulirlo del sangue. La causa? Il nonnismo.

Lo stesso ha fatto Giacomo, un ragazzo sensibile, intelligente e colto di Castelnovo ne' Monti, in provincia di Reggio Emilia, che si è buttato dalla cima della Pietra di Bismantova, citata anche nella *Divina Commedia*, per porre fine ai soprusi di una decina di imbecilli falliti.

In passato, ricordo di un militare a Sestri Levante che si è gettato sotto un treno; a Bolzano, so di un alpino morto in circostanze misteriose: tanto per citare soltanto alcune delle vittime del nonnismo che – purtroppo –

compaiono sovente sui giornali. Ma anche senza ricorrere a un gesto così estremo, ci sono tanti giovani che subiscono e tacciono, mettendo in atto un vero e proprio «suicidio psicologico» dalle conseguenze che, a volte, li marchiano a vita.

Ma che cos'è il nonnismo? Diciamocelo chiaramente: è una «dimostrazione sociale» dei mediocri. Dei falliti. Dei farabutti. Degli idioti. È il protagonismo dei bastardi. Quello, bieco e insulso, di coloro che, per brillare, abusano di chi è solo, sensibile, spaesato e vulnerabile. È il frutto di azioni nefande in nome del «rispetto».

Ed è proprio per questo bel rispetto che qualcuno, stanco di sopportare, e provato fino all'esasperazione, pensa che l'unica soluzione sia buttarsi sotto un treno o sfracellarsi sul marmo dell'androne di quei bei posticini chiamati caserme.

Poi, dopo il tonfo, ssst!... il silenzio. Zitti zitti. Come i veri vigliacchi. Zitto chi ha visto. Zitto chi si è reso complice. Zitto il persecutore (o i persecutori). Zitti, molto spesso, quei signori bardati, chiamati superiori, che portano ignobilmente medaglie, spalline e gradi vari. E così, zittizitti, si aspetta il congedo. Il giorno tanto atteso. Per uscire «uomini forti e temprati». Con, finalmente!, gli attributi. Pronti ad affrontare la vita. Quella stessa vita che qualcuno ha lasciato sotto un treno o in un cortile. Pronti a «farsi una famiglia». A generare dei figli. A crescerli secondo i principi cristiani. A battezzarli. A comunicarli. A cresimarli. A mandarli a studiare. A militare. Già: a militare... E se questi figli non saranno codardi, vigliacchi, cialtroni e pisciasotto come i loro genitori? E se, ahiahi!, saranno deboli, soli, spaesati, indifesi e sensibili? La natura, lo sappiamo, è imprevedibile. E, a volte, anche vendicativa.

✯ I BUONI PENSIERI

«Il diavolo è un ottimista se crede di poter peggiorare gli uomini.»

KARL KRAUS

credere nell'Aldilà

C'è gente che si chiede, e mi chiede, se sia vera la mia fede in un'altra vita. Un'altra dimensione e identità. Lo è: non so bene da cosa mi derivi, ma lo è. Ritorno volentieri su questo argomento. Non credo, con ciò, di poter essere di aiuto a qualcuno, ma sono di grande aiuto a me stesso. Alle mie poche certezze e ai miei infiniti dubbi. Ai miei teoremi e alle mie somme. E, col passare degli anni, conoscendo meglio ciò che vedo e provo, mi convinco sempre di più che dietro l'angolo non c'è il buio. Pazzia? Fanatismo? Bisogno di certezze consolatorie? Nulla di tutto questo. Non sono mai stato così sereno. Così determinato. Così piacevolmente rassegnato al destino. A questo grande bastimento delle illusioni umane.

Credo che oltre la morte esista un'altra vita, e me lo ha suggerito il mio percorso esistenziale. La scomparsa di alcune persone care. La certezza che mio padre, dal suo letto di morte, volesse trasmettermi forti messaggi positivi. I cicli della natura. I cambiamenti del clima. La saggezza dei vecchi. La rassegnazione di chi, soffrendo, crede in qualche principio e compie ogni giorno dei piccoli miracoli.

Non mi ispiro a nessun testo, a nessuna religione poiché credo in un Dio molto meno pretenzioso e ottuso di quello che troppa gente ci vuole a tutti i costi dipingere. Ho sempre cercato, spesso a fatica e inutilmente, le mie certezze. Le mie verità. I miei punti di riferimento. E così, anche se non sempre, ho trovato aiuti e conferme da tutto quello che circonda l'uomo. Quando, invece, cerco certe risposte nell'uomo stesso, prima o poi mi trovo disorientato e smarrito. Allora mi creo le mie leggende. A volte mistiche. A volte infantili. Che difendo e difenderò fino alla fine. Mi sforzo di coltivare pochi e buoni rapporti con quelle persone che sento simili a me. Nei tanti momenti di abbandono, mi sforzo di dare un senso anche al freddo invernale. Al sole che declina. Al misterioso riposo delle cose durante la notte. Alle luci dei cieli di ogni stagione. Agli infiniti linguaggi di un bosco. All'ultima fiammata di un fuoco. Alla tenerezza esaltante dei ricordi. Ai lontani canti della scuola. Ai tepori della mia vecchia casa d'infanzia e ai pallori delle grandi montagne all'orizzonte.

Sì, c'è qualcosa che mi impaurisce e vorrei evitare: la malattia, l'invalidità, la demenza, la superficialità e l'egoismo degli uomini, i conti con la voce spietata e troppo esigente della mia coscienza. Ma ci penserà la provvidenza a rispondere. Oggi, basta la salute. E il pane. Per ora, sono pieno di sottili presentimenti che passano attraverso il mio spirito con la stessa velocità di un lampo in un cielo burrascoso. E così la cattiveria mi fa sempre meno male. La corsa al potere mi pare sempre più ridicola. Dell'egoismo mi arriva soltanto una pallida eco e comincio a capire che le ore, anche quelle dolorose, sono tutte uguali. Alle ciance dei businessmen prediligo la pace sovrana della natura. A quelle dei politici, il dialogo semplice degli umili. Sono ancora intraprendente ma non sono più ardimentoso. Mi piace stare, spesso, isolato, a contatto con la natura. A sentire il suo profondo silenzio e coglierne, quando mi è possibile, qualche significato. A chiedere alle stagioni il senso dei miei pensieri. Forse per questo non mi spaventa la morte. È una brutta vita, inutile, sprecata e malvissuta che mi spaventa. È il senso del ridicolo che mi spaventa. È così, senza cercare consensi e seguaci, che mi piace stare. Con le mie convinzioni. Giuste o sbagliate che siano. Legate ai princìpi in cui credo. Come la semplicità, per esempio. Questo mi aiuta a capire come, sovente, si catturano più mosche con una goccia di miele che con una botte di aceto.

✭ I BUONI PENSIERI

«È la morte la nostra unica porta. Per uscire da un mondo dove tutto muore.»

MARGUERITE YOURCENAR

la forza e il coraggio che la speranza sa dare

Ho ricevuto, in passato, questa lettera. Mi ha trasmesso una buona dose di speranza, forza d'animo, coraggio ed energia. Eccola, così, com'era: utile, forse, a chi ne ha bisogno.

Mi chiamo Melina, ho 29 anni e ti voglio parlare un po' di me e del luogo in cui abito, sull'Aspromonte. Ho quasi smesso di dire il nome del paese quando parlo con qualcuno o vado in qualche città del Nord Italia. Perché sono stanca di veder passare il gelo negli occhi del mio interlocutore. Evito pure di parlare per non farmi tradire dall'accento. Tu pure le conosci di sicuro queste montagne, le avrai viste molte volte in televisione, con i loro paesi spenti e informi, quelle case annerite, sgretolate dal vento e dalla pioggia, arretrate nel tempo, con la loro gente vestita di nero, che non parla, avvolta nel silenzio. Io vivo qui, Diego. In un paese che le montagne dell'Aspromonte serrano come una barriera senza uscita. Per trent'anni la solita nebbia, la solita neve, le solite sagre con i santi portati a spalla per le viuzze incassate. La solita miseria. Le ingiustizie e la noia sono così radicate da avere acquistato la stessa naturalezza della pioggia e della neve. La vita degli uomini e delle bestie e della terra sembra racchiusa in un cerchio immobile, saldato dalle vicende del tempo. Gli anni passano, si accumulano ad altri anni, i giovani vanno via e si semina, si innesta, si pota, si miete e poi daccapo (per dirla come Ignazio Silone). Le montagne sono sempre lì, crudeli, con i sequestri, con madre coraggio che viene e ci scuote e batte nei nostri petti saturi di omertà, saturi di silenzi. Saturi di urla dentro quel silenzio. Che dirti di più di questo mondo? Che dirti di quest'Italia che si dimentica di certi suoi figli?... Non è cancellando una parte d'Italia dalla carta geografica che si risolvono i problemi. Bisogna ritrovare le passioni madri, ritrovarle al più presto, perché è necessario riannodare legami che furono recisi, riattivare la parte di vuoto creatasi nella mente e nel cuore con l'illusione di andare sempre avanti. Riprendere contatti vitali che amano le stesse ragioni del vivere e infine la speranza di riaffidare al presente i valori di archetipi la cui potenza non può essere interamente infranta. Bisogna respirare l'odore della terra. Solo così si possono formare i propri pensieri secondo la logica della vita e non della chiacchiera. E per quanto facciamo, la logica universale non la possiamo mai infamare. La verità è stare con i piedi e i pensieri per terra. Chi ci sta è sempre dalla parte del giusto. Solo questo conta. E non ciarle, non cretinaggini quali la condanna presuntuosa di una persona solo perché è dell'Aspromonte, come mi è capitato di sperimentare sulla mia pelle... Eppure, oggi più che mai, soprattutto dopo le stragi, c'è il desiderio di chiarezza, di pulizia e la richiesta inconfessata di comprensione, gratificazione, sicurezza. Oggi più che mai si ha bisogno di compattezza e non il contrario... Io non so cosa sto tentando di dire in questa lettera, ma il fatto è che vorrei parlare con le tue parole. Giocare anche con le parole. Impantanarmi di sole, miserabili, innocue parole, per poter spiegare che qui non siamo muti. Che le ingiustizie ci fanno male. Che non approviamo, anche se non abbiamo imparato a ribellarci nella maniera giusta. Io non so cosa sto cercando di difendere. Se me stessa o questi monti selvaggi, cattivi eppure da me molto amati. Perché sono pieni di fiumi e di fiori, perché qui la natura siede su queste sponde, remota e antica, con i suoi linguaggi universali, che non sono quelli delle lupare. Che non sono quelli di madre coraggio che ci parla. Che non sono quelli dei mafiosi. Ma sono i linguaggi del vento e delle acque pure e incontaminate. Sono il linguaggio della vita che deve rinnovarsi. Che non può avvolgersi al nulla. Perché vuole essere di più. Voglio toccarla questa ferita aperta, tremando, inseguendo un sogno di nevi che non mi lascia. Anche se non so da dove cominciare... Rimani con le tue parole e con le tue grida che cercano gole.

✯ I BUONI PENSIERI

«Il cielo dove vede neve, spande sole.»

FABRIZIA RAMONDINO

l'antidoto al suicidio

Confesso che l'idea del suicidio ha sfiorato anche me, quand'ero giovane: la prima volta in cui ci ho pensato, seriamente, è stato il 25 novembre del 1984. Da allora sono passati tanti anni, ma ancora oggi ricordo benissimo tutti i motivi per i quali non vedevo altra soluzione che la morte: una lunga storia di sentimenti, passioni e sesso finita nel fango; i miei genitori malati; una situazione economica disastrosa sfociata nei debiti; alcuni preziosi collaboratori che, improvvisamente, volevano «volare da soli»; gli amici (?) spariti come neve al sole. Rammento, ancora, la veranda di casa mia, la nebbia lombarda, l'estremo abbandono alla fatalità, la voce di Maria Callas, il telefono schifosamente muto, il sonno che non arrivava mai, le mie urla di dolore per coprire il desiderio di rompere i coglioni al prossimo. Ma non ho dimenticato, anche, ciò che ho conquistato in seguito e che oggi mi appartiene senza riserve. La mia piccola e luminosa eredità. Ora la mia veranda, in qualsiasi mese, è piena di luce e riflessi; ho un buon rapporto con la solitudine e una certa distaccata dimestichezza con la mischia; frequento gioiosamente tanto il riso quanto il pianto; ho rari, rarissimi amici; vivo un sentimento di alleanza e complicità con chi mi sta vicino senza pretendere che solo l'amore renda piena la vita; possiedo una certa solidità economica raggiunta rimboccandomi le maniche e lavorando sodo; mio padre e mia madre mi parlano da un mondo migliore; ascolto, spesso, una nuova Callas; ho la possibilità di udire, mio malgrado, le urla di dolore di chi, purtroppo, non ha nessuno a cui rompere i coglioni. Sono coloro che mi amano. Perché sanno che possono farlo. E che mi trovano alleato, complice, compagno, amico. Sono qui, con i perdenti. Con i caduti. Con i provati. A volte sporco, bagnato, fesso e offeso. Ma guerriero. Combattente. Per dare un senso alla morte, non alla vita. Perché venga da me senza falce, ma discinta e provocante come una puttana.

✭ I BUONI PENSIERI

«Vivere è sognare, morire è risvegliarsi.»

CARLOS SANTANA

un viaggio di pace

Solo chi non ha mai sofferto e pensa che il dolore sia una componente negativa della vita può intristirsi davanti a chi sta per lasciare questa terra a causa di un male incurabile. Chi invece sa che, attraverso la sofferenza si può raggiungere una dimensione diversa, ma ben più spirituale, si rende conto che questa è una fase privilegiata rispetto al nostro sciocco sopravvivere. E a quelli che sono sul punto di andarsene bisognerebbe augurare un buon viaggio di ritorno verso quel sublime mistero che è l'Aldilà. Anche mio padre la pensava così. Non ne parlava, ma il suo sguardo, inequivocabilmente, esprimeva serenità e pacatezza nei confronti del viaggio estremo. Lui lo chiamava così. Lo chiamava anche viaggio di pace. E così è vissuto, Ottavio. In pace con tutti. La sua bell'anima, ben diversa dalla mia, purtroppo!, ha brillato in vita fino alla sua ultima ora. Lui, l'uomo dei lunghi e impenetrabili silenzi, ha sopportato per anni cinque gravi e dolorose malattie con commovente dignità. Poi, in una sera stellata di fine ottobre, ha chiesto a Lina, una parente che l'accudiva, un bagno caldo. L'ha pregata, anche, di preparargli la polenta, il suo piatto preferito, che ha mangiato con una insolita allegria, come quando si è a una festa. Ha stupito, per il suo buonumore, sia Lina sia mia madre. Poi si è coricato dopo avere detto alla sua compagna che il cielo, quella notte, gli sembrava più stellato del solito. Ha dormito per sei ore. Alle quattro si è svegliato, si è seduto sul letto, ha guardato mamma e, inverosimilmente, le ha detto «ciao… vado!» stringendole la mano. Infine si è accasciato. Con gli occhi chiusi e le labbra sorridenti. Mamma l'ha raggiunto dopo dieci anni. Io, se la provvidenza vorrà, li ritroverò, entrambi, tra non molto. Spero, in quel giorno, di essere sereno come lo sono ora di fronte a questa prospettiva.

✯ I BUONI PENSIERI

«Non riesco a immaginare una vita sensata che non abbia per compagno il pensiero della morte.»

ADRIANO SOFRI

il grande dono della semplicità

Cercherò di spiegare la mia idea di semplicità attraverso un fatto che mi è capitato di recente. Niente di che, in apparenza. In realtà, è un episodio che insegna come il dono della semplicità abbia un valore inestimabile.

Ho il privilegio di conoscere uno scrittore. Una di quelle persone che quando scrivono e parlano incantano gli umani e stupiscono. Si tratta di Mario Rigoni Stern. Sono stato, non molto tempo fa, a Enego, sull'Altopiano di Asiago, dove ho la mia casa natale. Volevo regalare a Rigoni Stern e a sua moglie il mio ultimo libro. Era quasi sera e sull'altopiano la primavera aveva donato un nuovo vestito alla natura. Non conoscevo la località in cui abita lo scrittore, ad Asiago, ma non mi è stato difficile raggiungerla: lì lo conoscono tutti. E chi è più intelligente, lo ama. Ho percorso la strada che costeggia un piccolo aeroporto per arrivare alla sua dimora: una casa semplice, poetica, curata, accanto a quella di Ermanno Olmi, un altro grande italiano.

Il buio stava calando e l'aria era umida per via di un pomeriggio piovoso. I merli cinguettavano senza ritegno. Mi sono guardato intorno, prima di bussare, riflettendo sull'esistenza di quest'uomo e sul luogo in cui vive: il proscenio di un bosco fitto di abeti. Si è affacciato dal piano superiore e dopo qualche istante era sull'uscio. Mi ha fatto entrare, mi ha regalato uno dei suoi libri, *I racconti di guerra*, e mi ha presentato la moglie. Rassicurante e dignitosa, come lui, mi ha offerto una bibita. Gli ho lasciato il mio volume, ho preso il suo e gli ho stretto la mano. Lui ha appoggiato la sua sulla mia spalla e mi ha detto: «È un mondo strano, questo, caro Diego. La gente dovrebbe rendersi conto che la strada che sta percorrendo porta verso il vuoto. Speriamo lo capisca in tempo». Ho annuito, in silenzio. Riprendeva a piovere e io mi sono congedato lasciando il bosco e i suoi misteri alle mie spalle. Grato a un uomo che attraverso la propria semplicità è diventato un amico.

✯ I BUONI PENSIERI

«Le parole sono importanti se sono poche.»

LALLA ROMANO

l'egoismo e la mancanza di solidarietà

Mi trovavo nel cuore di Milano, in un giorno festivo. Quando molta gente viene in centro dalla periferia per vedere come si divertono, vestono e vivono i cosiddetti ricchi, cercando, a volte, di imitarli, per provare l'effetto che fa. Sono occasioni che un tempo erano gioiose e giocose perché il provincialismo non era mai impastato con l'esibizionismo volgare, agitato e vociante di adesso. D'altronde, molti italiani cosiddetti benestanti dimostrano ciò che sono attraverso i gesti, i gusti e l'immagine. È chiaro che i ricchi di un tempo non sono più gli stessi e vedendone certi, oggi, si capisce soprattutto che in centro, nonostante il ben di Dio che si può trovare, esposto ovunque, i negozi in cui si vendono educazione, misura, buon gusto e cultura sono ormai rari. Di conseguenza, chi non ha molti soldi e chi parte dalla periferia per vedere lo sfavillante centro, trova ciò che trova. Ma tant'è! Torniamo a noi: proseguivo, per tornare a casa, camminando velocemente poiché il freddo pungente era davvero fastidioso. A un tratto sentii urlare: «Angelo, Angelo, Angelooo!»

Vidi un uomo disperato agitarsi fra la folla, cercando qualcuno. Continuava a urlare quel nome in tono sempre più affannato e concitato. Nessuno lo aiutava. Tutti, anzi, lo guardavano con diffidenza. Dei ragazzotti imbecilli, poco lontano, si prendevano gioco del poveraccio, rispondendo: «Sono qui!»

«Dove sei? Dove sei, Angelo?» gridava l'uomo. Evidentemente non si rendeva conto dello scherzo. Mi avvicinai e gli chiesi cosa stesse accadendo. Mi spiegò che era entrato nel locale a prendere un gelato a un ragazzino autistico, figlio di amici, e che se lo era visto scomparire in un attimo. Naturalmente adesso era in preda al panico, e si sentiva responsabile di quel guaio. Lo segnalai a un paio di vigili in piazza San Babila, gremita all'inverosimile. Piena di facce con espressioni su cui riflettere e che manifestavano, inequivocabilmente, la loro pochezza esistenziale. Ah, la fisiognomica, che scienza curiosa e straordinaria! Questo episodio ha confermato ciò che penso da tempo: tutte le volte in cui cerco di scoprire quanto siano meschini certi esseri, cosiddetti umani, scopro che sono peggio di quello che credevo.

✯ I BUONI PENSIERI

«Essere stupidi, egoisti e avere buona salute sono tre requisiti per la felicità. Se manca la stupidità, manca tutto.»

GUSTAVE FLAUBERT

le relazioni sentimentali impossibili

La chiave delle prigioni d'amore nelle quali tutti, chi più chi meno, siamo stati reclusi non è in possesso dei «torturatori», come si pensa d'abitudine, ma di coloro che si lasciano torturare. È anche vero che un bel giorno si spegne il cuore e si accende la ragione. Molto spesso, però, quel giorno arriva tardi, quando la nostra energia psicofisica ha ceduto e ci si ritrova abbruttiti e annientati. Io stesso sono stato più volte chiuso in una di queste celle, torturato in modo tanto insopportabile quanto invisibile.

Ho un caro amico che sta vivendo una storia estremamente difficile e tormentata. Mi chiama a metà giornata per dirmi che sta male, che non riesce a respirare, a lavorare. A vivere. Il giorno dopo mi richiama per comunicarmi che no, non è come pensava, che ha avuto modo di chiarire. Che ha parlato. Che la persona che lo ferisce non è cattiva. Che è dispiaciuta per ciò che ha fatto e ha detto. Che ha pianto, persino. Bastano poche ore, invece, per sentire nuovamente la sua voce sofferente, che mi trasmette il suo stato d'animo in tempesta, la sua anima in subbuglio, il suo cuore gonfio di dolore. Purtroppo, per quanto riguarda questo amico, siamo appena agli inizi. Ciò che accadrà in futuro è di una chiarezza elementare. Di fronte a storie così difficili e così pesanti, non rimane che una scelta: troncare drasticamente. Sì, lo so: c'è una fase di sofferenza da sopportare. Ma è meglio disperarci per un po' o per tutta la vita? Personalmente, non ho dubbi: una relazione difficile va interrotta prima che ci soffochi.

✭ I BUONI PENSIERI

«L'anello più debole è anche quello più forte. Spezza la catena.»

STANISLAW JERZY LEC

mai sottomettersi!

Oramai, attraverso gli anni e l'esperienza, mi capita di riconoscere a colpo d'occhio i lacché, i cortigiani, i leccapiedi, gli schiavi e i servitori. E distinguo anche quelli che per emergere e sentirsi vincenti hanno bisogno di schiavizzare chi è più debole e servizievole. Come non compatire, per esempio, chi affolla le corti attorno a certi politici, giornalisti e gente dello spettacolo? Persone inclini soltanto alla genuflessione, alle suggestioni del potere e alla ricerca patetica di consensi a ogni costo.

Meno male che ho capito abbastanza presto che il ruolo gregario non rientrava nella mia mentalità.

Rammento che a Venezia, in collegio, c'era un bel ragazzo, vestito come un modello e insolente e altezzoso peggio di un gallo nel pollaio.

Lo consideravano in tanti. E in tanti, ahimè, lo veneravamo e temevamo perché aveva una relazione con un celebre e potente personaggio del Teatro La Fenice.

Mi incuriosiva, il soggetto. Fu così che cercai di conoscerlo, per poi maledire il giorno in cui gli diedi credito e fiducia. All'epoca mi plagiò completamente, facendo leva sul desiderio di rivalsa delle mie umilissime origini. Ero il suo schiavetto e cercavo, persino, di vestire come lui. Non potendolo fare, ricordo che arrivai persino a rubargli un paio di maglie e un pantalone, che mi mettevo quando tornavo al mio paese. Più avanti, le nostre strade, fortunatamente, si divisero. Lo incontrai a Milano tempo dopo: faceva lo stilista. E ancora riusciva a condizionarmi: mi convinse a sostituire dei denti che, a suo dire, erano impresentabili. Però, dopo un paio di malefatte e di danni che mi fece, mi accorsi di cos'era realmente: un poveraccio con l'indole del prepotente, pieno di invidia nei confronti di mezzo mondo e, soprattutto, del sottoscritto. Penso ancora, ogni tanto, a quando gli facevo da schiavetto e mi commisero. Per fortuna ho capito, e in tempo, che la schiavitù dipende dal grado di sopportazione dello schiavo.

✯ I BUONI PENSIERI

«Dire sì a tutto e a tutti è come non esistere.»

TAHAR BEN JELLOUN

le insidie dell'adulazione

Ho finalmente imparato a non chiedere opinioni superficiali su di me. Quando lo faccio, mi rivolgo a persone sincere e spietate, perché preferisco una critica feroce a un parere edulcorato, adulatorio e retorico. La legione di bugiardi che mi vedo intorno quando si tratta di esprimere giudizi sugli altri, o su di me, è davvero impressionante.

Assisto, quotidianamente, a penose situazioni in cui il rito di giudizi melensi che ci si scambia in società diventa davvero nauseabondo. Così facendo, crediamo di entrare nelle grazie di chi abbiamo di fronte e, forse, non ci rendiamo conto che i nostri pareri offendono spesso l'intelligenza dei giudicati. Ricordo con smarrimento quante volte ho sentito, nel corso del tempo, fiumi di parole usate per elogiare l'aspetto di persone, soprattutto donne, ineleganti e prive di stile. Bastava che fossero ricche o legate a uomini di potere per ricevere, da parte dei cortigiani, elogi e complimenti. Ho in mente, e bene, quante persone indegne o, nella migliore delle ipotesi, insignificanti, ho sentito magnificare da lacchè e ipocriti. Ho sempre diffidato di costoro ma, sinceramente, non ho mai avuto stima nemmeno per chi si va a cercare quell'odioso rito del consenso e del complimento facili. Ho visto uscire da certi parrucchieri donne che avrebbero fatto impallidire Moira Orfei, convinte di essere pettinate semplicemente. Ho sentito sottolineare l'aspetto giovanile di cariatidi che di fresco avevano solamente il sapore delle mentine nella borsetta. Mi è capitato di udire commenti entusiastici sulle toilette di donne e uomini che assomigliavano ai costumi di un melodramma. E chi mentiva, guarda caso, erano sempre le solite facce di bronzo. Così, ho imparato che quando si desidera un parere sincero su come siamo, è bene chiederlo a un poveretto, a un pazzo o a un bambino. Non avendo nulla da perdere, sanno essere candidamente sinceri.

✯ I BUONI PENSIERI

«La menzogna più frequente è quella che ognuno fa a se stesso.»

FRIEDRICH NIETZSCHE

i luoghi comuni su chi è grasso

La gente grassa si sente in qualche modo emarginata e tende a chiudersi in se stessa.

Ma la ciccia è spesso solo un pretesto: i motivi vanno cercati altrove. Se qualche sciocco trasmette ai grassi insicurezza dicendo loro che i chili in più sono nemici dell'eleganza, si rasserenino i cicciottelli: non è così. Il grasso superfluo è, casomai, nemico della salute. Per questo va controllato e, potendolo fare, eliminato. L'allarme va lanciato, soprattutto, a quei genitori che abituano i figli all'inattività fisica, a dormire poco, a guardare troppo la tv e a un'alimentazione inadeguata, condannandoli a futuri, gravi danni psicofisici. In Italia è obeso un bambino su cinque e sono aumentati del 25 per cento gli adulti in sovrappeso. Quanto all'eleganza, assicuro i rotondetti e i grassi che, nel corso della mia intensa attività professionale, ho conosciuto centinaia di persone in sovrappeso capaci di essere eleganti. Faccio un nome per tutti: Giusy Ferré. È la migliore giornalista di moda. Donna di razza. Colta e piena di personalità.

Ha una mole imponente, ma ho constatato che quando appare in pubblico la gente intelligente e di buon gusto la segue con uno sguardo ammirato. Con i suoi abiti larghi in velluto, il trucco diafano e un po' gotico, i capelli sparati in alto come fossero matite appuntite e gli enormi gioielli che lei stessa disegna e realizza, sa essere di rara presenza ed eleganza. Riesce a imporre un suo stile. Unico e inconfondibile.

Questa è la mia sincera opinione sul problema del grasso. Che, comunque, va combattuto perché non causi problemi fisici e non perché condiziona il parere di certi stupidi che invecchiano nei salotti con il solo intento di tirare a campare banalmente. Quanto all'inquietudine e all'angoscia che opprimono le persone grasse fino a condizionare le loro vite, agli schiavi dei travagli interiori e a tutti coloro che si sentono insicuri per il loro aspetto fisico, vorrei solo offrire una mia modesta e affettuosa riflessione: la paura e il timore sono il credo dei perdenti.

✯ I BUONI PENSIERI

«È nella differenza, nella varietà, nell'affermazione della personalità che risiede la bellezza.»

GIUSY FERRÉ

l'insicurezza

Esiste un'università, una scuola, per vincere l'insicurezza: si chiama vita. I docenti sono sempre quelli, da anni. Nessuno li ha cambiati, finora. E c'è da augurarsi che ciò non accada mai. Si chiamano volontà, fierezza, orgoglio, consapevolezza, caparbietà, ironia, saggezza. Vengono tutti diretti da chi ha fondato questa scuola, forse perché stanca di soprusi, ingiustizie e umiliazioni: la capacità di reagire. È un'ispiratrice indispensabile, poiché senza di essa non ci si prefigge, né si consegue, nessun obiettivo. Questa scuola, va detto subito, bisogna frequentarla costantemente e con impegno. Molti, compreso il sottoscritto, la seguono da anni. Altri si confrontano con i docenti e la fondatrice anche prima di lasciare la Terra – se possono farlo – perché pure il trapasso si può affrontare con consapevolezza e saggezza. Da ultimo, va considerato che questa scuola, una volta superati tutti gli esami, porta spesso a una laurea che permette di valutare i propri simili con molto distacco e considerarli per ciò che sono in realtà. Può darsi che, impegnandosi, si arrivi a scoprire anche il proprio grado di «luccicanza»: il mezzo migliore per comunicare. Questa è l'unica facoltà che suggerisco agli insicuri, nonostante siano disponibili interessanti seminari sulle strategie di comunicazione e buone scuole di recitazione. Qualche risultato, a dire il vero, lo danno. Gli artefici del nostro futuro, comunque, siamo noi. Tempo fa, lessi che Dustin Hoffman, per sostenere così mirabilmente la parte del viscido nel film *Un uomo da marciapiede*, si ispirò ai sorci. Un giorno chiesi a Patty Pravo se in qualche modo si identificasse in un animale. Mi rispose di sì e mi nominò l'aquila. Ecco: io credo che ognuno di noi debba tenere bene in mente questi due esempi. Cerchiamo di non essere sorci. Striscianti. Amanti del buio, dello sporco e dei rifiuti. Impegniamoci a diventare aquile. Solitarie. Fiere. Pronte a volare in alto da sole anziché in basso e a stormi. Ve lo dice un poveraccio. Uno che ha passato troppo tempo a fare il sorcio. Uno che si sta impegnando a diventare – o imitare? – un'aquila. Studiando. Alla laurea, però, mi mancano molti esami e, purtroppo, in nessuno di quelli che finora ho sostenuto ho preso il massimo dei voti.

✯ I BUONI PENSIERI

«Gran parte della nostra vita consiste nell'affrontare i topi. Davanti a essi non siamo capaci di elevarci e ci facciamo piccoli come loro. Finché il gatto non ci mangia.»

ANTHONY BLOOM

un bell'esempio dell'odierno folklore italiano

Voglio parlare di un mio soggiorno a Sanremo, durante il Festival della musica leggera italiana: la manifestazione che più di tutte, secondo me, rappresenta il nostro Paese, il costume, la società e lo stato di «salute» nazionale.

Arrivo a Sanremo attraversando una Liguria tinta da distese di siepi già in fiore e mossa da folate di un vento quasi primaverile che spazza, un po' qua e un po' là, le ultime foglie secche. Fuori dal Teatro Ariston, in un convulso vociare, tutti cercano il loro beniamino. C'è il solito viavai; i soliti «giornalisti» non giornalisti che ambiscono a una tessera per vivere il loro unico momento di gloria; i soliti presenzialisti variopinti e caciaroni; la solita schiera di illusi che cercano l'occasione giusta. C'è anche molta gente qualsiasi. Tanti giovani e tanti anziani. Mi incammino verso l'albergo e, prima di entrare, «mi concedo» a un gruppetto di signore, un po' esaltate, che mi chiamano da poco lontano. Vogliono un autografo. Sono sensibile alle manifestazioni di affetto e considerazione: con un pizzico di narcisismo acconsento e attraverso la strada.

Ho fatto le prime firme con un largo sorriso sulle labbra, che mi si smorza appena una delle donne mi dice, roteando gli occhi per l'emozione: «Come fa gli abiti lei, signor Versace, non li fa nessuno». Per certi aspetti, sono contento che mi abbia scambiato per Versace ma, a essere sincero, avrei preferito il paragone con una persona viva.

Entro in albergo un po' scornato: il mio peccato di vanità è stato punito a dovere. Più tardi, puntuale, seguo una serata niente affatto brillante.

Il giorno dopo mi alzo un po' dolorante per via di certi disturbi digestivi che mi accompagnano da tempo. Comincio a cercare gli spunti: il grande circo, la città dei fiori, la rassegna canora, i suoi «giocolieri», i suoi «trapezisti» e i loro salti mortali; l'immagine dei cantanti che ormai, a dire il vero, sembrano molto più banali, nel vestire e nell'addobbarsi, di certi invitati a un matrimonio un po' burino. Ma tant'è!

Mi sposto all'Ariston, dove la febbre per l'attesa rasenta ormai la follia. C'è gente che rischia di essere falciata dalle auto pur di toccare il proprio idolo. Fra urla, sguardi concitati e braccia tese, mi faccio largo. C'è una signora grassottella che urla: «Il pupo, il pupo!»

La folla ondeggia verso la direzione indicata dalla signora in fibrillazione: qualche urletto isterico arriva, qua e là, dalla strada. Presumo che tutti vogliano vedere il simpatico cantante e conduttore italiano e tutti cerchino, affannosamente, di avere un suo autografo ma, grande delusione!, il pupo non è altro che il vivace marmocchietto della distratta signora che, in quel momento, incurante dell'interesse generale per i divi della canzone, sta per essere schiacciato da una corriera blu. Si evita il peggio grazie ai pronti riflessi dell'autista.

Qui c'è di tutto, ovviamente. Di tutto, di più. C'è chi c'entra e chi non c'entra per niente. C'è chi entra e chi non riesce. Fuori, tra il vociare della folla per un divieto di passaggio, mi pare di vedere una madre alzare il figlioletto verso l'alto per farlo toccare da un fustacchiotto vestito di pelle nera. Quasi fosse un santo, il maschietto canterino e tenebroso! Mi avvicino: ho visto bene. La donna urla: «Lo prenda! Lo prenda!» Come volesse venderglielo. Ma non c'è nessuno che glielo compra, quel bimbo. Per riuscire a piazzare il marmocchio in questa chiassosa circostanza, maman dovrebbe almeno farlo cantare «voglio una vita spericolata». Ci sono, ovviamente, tante, troppe famiglie Fantozzi con la loro Pina bardata per le occasioni; la loro Cita con i recuperi dei vestitini indossati ai matrimoni e ai funerali dei parenti, e i capifamiglia orgogliosi, con tanto di macchina fotografica.

Vabbè... Entro, parlo con qualche cantante, saluto e, dopo un'oretta, esco attraversando la bolgia. Osservo, divertito, questo mondo variopinto. Un mondo in cui c'è da ridere, sorridere e riflettere: sì, è un momento della nostra storia del costume, questo, sul quale vale la pena fare due pensieri. Per esempio, che questa manifestazione era, in un tempo non lontanissimo, una fucina di tendenze d'arte, di moda, di comunicazione. Era, allora, uno spaccato del nostro straordinario Paese mentre adesso mi pare l'esempio di un Paese spaccato. Devo rientrare a Milano: il tempo sta peggiorando e io mi sento sfinito.

Sono le 20.30. Qui, non sono volati né cuore né fantasia: solo folklore da due euro, enfatizzato dalla tv. Cala il sipario e si spengono le luci sulla banalità di un Paese che è diventato ex. Uscendo, poco distante dal «luna park», una bimba, credendo forse che io sia un cantante, probabilmente perché sono vestito di nero, mi porge un garofano appassito. Lo accetto e osservo la notte sopra il mare minaccioso. Grazie, bimbetta. Grazie dei fior.

✯ I BUONI PENSIERI

«L'apparire e la smania di successo sono una patologia: la lontananza dall'essere al suo massimo grado.»

MARINA TERRAGNI

la libertà individuale: rispettiamola senza pregiudizi

Quando rifletto sulle persone giudicate superficialmente, mi viene in mente Moana Pozzi, indimenticabile regina del cinema hard. Tutti sanno che è morta da tempo, ma io non l'ho dimenticata e continuo a dispiacermi che ci abbia lasciati: indipendentemente dalla sua professione, se n'è andata una donna intelligente, libera, colta e generosa. L'ho conosciuta per la prima volta all'aeroporto di Linate, a Milano: abbiamo scambiato poche chiacchiere, tanto per ingannare una delle interminabili attese per un volo. L'ho vista bella, elegante, consapevole della pochezza del mondo e disinvolta di fronte ai giudizi banali e retorici, spesso superficiali, dei benpensanti. Non mi hanno mai condizionato le sue scelte né, tanto meno, turbato: lei era una splendida ragazza che praticava ciò che le piaceva fare. E dava tutta se stessa per difendere le sue convinzioni. Senza reticenze o tentennamenti. Lei, in fondo, mostrava a tutti, fieramente, ciò che le andava di mostrare. Chi l'ha conosciuta bene mi dice che non sopportava compromessi. Era com'era, e come voleva essere. Dai suoi letti non ha rubato uomini a nessuna. Né, tanto meno, li ha ingannati, i suoi simili. Quante «lettivendole» vestite da sante ho conosciuto in tanti anni! E quante erano, e sono, disposte a tutto per un momento di celebrità! Salvo, poi, rinnegare ogni scelta precedente una volta arrivate alla meta. Di questi soggetti è pieno il mondo e con quella parte del corpo ha fatto strada una folla immensa di gente: donne e uomini. Ecco perché mi piace ricordare Moana Pozzi. Per la sua onestà, la sua trasparenza e quel desiderio di far sognare molti. Morendo, ha lasciato tutti i suoi beni a un'associazione che raccoglie fondi per la lotta contro i tumori: chi la criticava, basando i propri giudizi sulla sua professione, si sforzi almeno di ammettere che quel suo mestiere è servito ad aiutare qualcuno.

★ I BUONI PENSIERI

«Quello che il bruco chiama fine del mondo, il resto del mondo chiama farfalla.»

LAO TZE

lettera a un uomo libero che non c'è più e ha lasciato il segno

Caro Franco Moschino. Come va? Ricordo quel *forever* messo accanto ai tuoi occhietti scuri e vispi che, un tempo, occupavano le pagine dei giornali e gli spazi dei cartelloni pubblicitari. Come avrai potuto notare, nel tuo campo nulla è forever. Tanto meno la gratitudine, la giustizia e l'obiettività, doti che a te, uomo libero, stavano particolarmente care. Non abbiamo più tue notizie ma, si sa, «niente nuove, buone nuove». Quaggiù non è così: il Paese è un bordello; la politica, un'arena; il sesso, un pericolo; la nostra economia, foglie su alberi d'inverno. Vorrai avere, immagino, qualche notizia sulla moda. Beh, Franco, a dire il vero ti scomodo proprio per questo. C'è qualcosa che non ti vuole dire nessuno. Lo farò io. Ti ricordi quelle giornaliste scandalizzate per certe tue invenzioni? Hai in mente le polemiche di quando presentasti i tuoi abiti come fossero parte di bancarelle napoletane?

Te li ricordi, Franco, i commenti dei benpensanti di certa stampa? Quante volte, allora, si è usato il termine «volgare» per definire le tappe del tuo talento straordinario e della tua genialità ironica e dissacrante. Mi credi, se ti dico che molti degli stessi e delle stesse, oggi, osannano la volgarità più bieca e opulenta, di chi ha copiato il peggio del tuo estro, facendola passare per «una moda sexy, divertente»? Nessuno fiata, caro mio, e chi alimenta certi giri d'affari è pronto a rinnegare la madre e a dire che la cacca è meglio della nutella. E si definisce estro persino il plagio. Ma rasserenati! c'è in giro qualche creativo che sa distinguere lo stile dalla volgarità; l'ironia dal ridicolo. E c'è anche qualche persona onesta che sa, e dice, quanto valevi. La mia stima per te è forever! Non crucciarti per quello che ti ho detto e, se puoi, quando un giorno incontrerai dalle tue parti certi farisei del mondo del glamour e del giornalismo modaiolo, quelli che pensano che le loro povere esistenze da schiavi siano forever, usa il pensiero del tuo Albergatore: «Perdona loro, perché non sanno quello che fanno». Ovviamente, non scomodare Dio per avvertirlo di ciò che ti ho detto: lo sa già! Ciao, occhietti furbi!

✯ I BUONI PENSIERI

«Non è la libertà, sono gli uomini liberi che mancano.»

LEO LONGANESI

la droga

Non giudico, né mai lo farò, chi usa cocaina o altre sostanze per dare un po' di colore al grigiore della propria vita. Mi limito soltanto a osservare ciò che vedo quando mi capita di conoscere qualcuno che con la droga ci convive. Chi, per intenderci, dipende dalla «dose» per superare un ostacolo, piccolo o grande che sia. Personalmente, non ne ho mai fatto uso, per paura delle conseguenze e non per principio. Il che mi ha permesso di osservare in modo lucido chi mi stava vicino dopo avere assunto quantità più o meno «modiche» di droga.

E mi sono fatto l'idea che chi sceglie questa strada è portato, consapevolmente o inconsapevolmente, a vivere in una condizione di schiavitù. Questo, di per sé, mi pare già raggelante. D'altronde, qualsiasi scelta che ci tolga lucidità, raziocinio e padronanza delle nostre azioni, mi procura un senso di smarrimento e mi stupisco che ci sia gente che non se ne rende conto. Ho qualche amico che si droga; qualche altro – come è successo a me, in passato – che vive condizionato dal sesso; c'è anche chi ha il vizio del gioco, e chi smania per il potere, il denaro, la notorietà, la bellezza eterna. Tutte droghe. Più o meno pericolose. Ecco perché non giudico e quando incontro un tossicodipendente malconcio cerco di capire dove ha sbagliato e, se necessario, offrirgli comprensione, solidarietà, qualche parola di incoraggiamento o, a volte, una carezza.

Essere uomini significa affrontare le burrasche della vita contando sulle nostre forze, sulla nostra volontà, e non su qualche droga, il cui effetto presto svanisce. Un drogato può vedere le luci di Las Vegas anche in una buia periferia, ma prima o poi non riuscirà più a veder nascere la luce del giorno.

✯ I BUONI PENSIERI

«Ricordati che la prima sniffata, o il primo buco, o il primo impasticcamento... sono un punto di arrivo...»

ADELE CAMBRIA

la fede e i dettami della Chiesa

Non posso dire, forse per sfortuna, di aver avuto buoni esempi dagli uomini di Chiesa. Da ragazzo, quando stavo in collegio, un grosso prete si occupava più del mio corpo che della mia anima; lo stesso accadde, in quel periodo, a un mio amico che, sconvolto dalla vergogna e dalla paura, ha chiesto protezione a Cristo togliendosi la vita in una cabina dei bagni del Lido di Venezia; il parroco di Nove, quando ero quindicenne, mi derideva e umiliava fino alle lacrime; l'arciprete di Enego, quando morì mio padre, non concesse l'esecuzione di un canto alpino religioso nella chiesa dove si celebrava il funerale; quello attuale, non permise che io realizzassi, alle esequie di mia mamma, alcuni suoi desideri banali, ai quali tuttavia lei teneva molto. Tutti torti che ho perdonato e che mi hanno molto ferito. Da qui, e da cattolico, ho cominciato ad apprezzare quegli uomini di Chiesa che usano il cuore e lo spirito per parlare in modo semplice ma efficace all'uomo. Come sapeva fare Papa Luciani, tanto per intenderci. Questi sono i prelati che amo, stimo, rispetto e sostengo con tutta la mia forza.

C'è, infatti, troppa gente che confonde il rispetto che «si deve» (o «si dovrebbe»?) avere per le regole dettate dalla Chiesa con la codardia, la retorica e l'ipocrisia. Credo che in un Paese libero e laico ci sia la libertà di non condividere (esprimendolo educatamente!) le opinioni di chicchessia. Comprese quelle del nostro Papa. Dei nostri genitori. Dei nostri compagni di vita. Dei nostri datori di lavoro. Se questi, o uno di questi, mi vengono a dire che la presenza della donna-sacerdote può compromettere le leggi e l'equilibrio della fede cristiana; che l'omosessualità è il risultato di una vita disordinata; che il profilattico è vietato perché il sesso è peccato; che la pillola, del giorno prima o dopo poco conta, è contro la vita; che le coppie non unite dal «sacro vincolo del matrimonio» sono irregolari beh, allora, dato che ho idee diverse in merito, esprimo il mio dissenso. Se tutto questo me lo dice uno dei miei genitori, mi limito a scuotere il capo e fare una passeggiata per calmarmi. Se me lo dice un amico, ci discuto dal mattino alla sera e, se necessario, ci litigo (civilmente!). Se me lo dice la persona con cui vivo, comincio a guardarmi intorno. Se a dirmelo è il mio datore di lavoro, vedo di trovarmi un'altra occupazione. Se me lo dice il Papa, allora posso replicare, sottovoce: «Silenzio, Santità!!!» Comprensione, carità, amore universale, solidarietà, confronto, tolleranza, indulgenza, sono tutte qualità umane care a Gesù Cristo. Grande, ineguagliabile figura. Che di silenzi viveva. Anche nel Getsemani, già carico di presagi di morte. E che morte!

✯ I BUONI PENSIERI

«Credere è propriamente andare per quella via dove tutti gli indicatori stradali mostrano: indietro, indietro, indietro!!!»

SØREN KIERKEGAARD

la verginità

Non ritengo la verginità un vanto. Né un merito. La ritengo, solo e semplicemente, una scelta. Che rispetto profondamente. Purché non diventi la «dote speciale» di una persona, che perciò si sente privilegiata. O la condizione per credere nell'eternità del primo amore. Per molti uomini la verginità è solo una questione di comodo. Per poter dire, spesso beandosi con qualcuno, «ho sposato una donna vergine». Ma l'istinto e la natura maschile, a volte, tendono a mutare dopo la «scoperta». Spesso, la compagna di un uomo, che è arrivata vergine all'altare o alla convivenza, se non è sostenuta da un perfetto equilibrio psicologico diventa, per lui, noiosa routine. Raro, il contrario. Ed è allora che il maschio, spesso egoista, cerca l'avventura facile con una donna facile. So di una persona che è arrivata vergine all'altare. Orgogliosa, fiera e serena. Una donna in gamba. Saggia. Concreta. Positiva. Felice di sapere che il suo uomo, colto e benestante, apprezzasse questa sua decisione. Ma dopo poco tempo, ahimè, lui ha trovato mille motivi per denigrare questa scelta: la mancanza di esperienza, l'attaccamento morboso, l'ottusità, i discorsi a senso unico. E l'ha lasciata sola. Lei, non più vergine, privata di quei valori in cui credeva ciecamente, è caduta in un baratro di sconforto e solo da poco (sono passati quattro anni) si è ripresa la sua vita. Ora lavora, dipinge, ha un'esistenza piena e appagante e... qualche amante. Ma non tutte, in casi come questi, riescono a risollevarsi. Perciò credo si debba affrontare questa scelta con equilibrio, spirito critico, mente serena e coscienza sgombra da pregiudizi. Se la verginità viene suggerita dai luoghi comuni o, peggio ancora, da presunti e possibili tabù, ritengo sia una scelta infelice e sbagliata. Se, invece, la si considera un'opzione come un'altra, senza caricarla di simbologie, tanto di cappello! Insomma: santarellina o puttana, vergine o non vergine, purché libera e serena. Sgombra da pesi e sensi di colpa, in un modo o nell'altro. Questo, e solo questo, conta. Il resto sono ciance della gente. Che non contano, perché troppa gente conta poco.

✭ I BUONI PENSIERI

«La verginità è collegata alla padronanza di se stessi e non al conservarsi per essere 'posseduti' da qualcun altro.»

SHIRE HITE

l'apparenza, a volte, inganna

Ormai ho parecchi anni sulle spalle, e ho visto gente di ogni condizione e professione vestirsi secondo le regole «degli altri». E se queste regole fossero sbagliate? Vogliamo credere, per davvero, che un impiegato di banca in giacca e cravatta sia meglio di uno che, nello stesso posto di lavoro, indossa un pullover? Ma suvvia! Penso, invece, che un po' di creatività ed estro ci facciano vivere meglio e ci aiutino, soprattutto, a mettere a fuoco e sviluppare la nostra personalità e il nostro carattere. Nella mia tumultuosa esistenza, ho anche lavorato come costumista alla Rai per più di dieci anni e ho dovuto vestire i personaggi di alcuni sceneggiati. Così ho potuto constatare quanto certe convinzioni siano, ahimè, radicate nella società di scimmiette in cui viviamo.

Ricordo che, allora come ora, portare una giacca blu, per un uomo, significava rispettabilità; indossare un abito traforato, per una donna, voleva dire essere una «poco di buono» o, nella migliore delle ipotesi, «un'estrosa».

Questi luoghi comuni mi disturbano e sono contento che per molti le catene della banalità siano diventate insopportabili fino al punto di spezzarle con forza. E sono convinto, altresì, che in futuro qualcosa debba cambiare radicalmente. Perché trovare, come mi è capitato, sulla pagina del quotidiano che leggo abitualmente, a firma di un giornalista quotato, questa descrizione di uno sbandato più per sfortuna, forse, che per indole, mi ha lasciato l'amaro in bocca: «...questo ragazzetto dall'atteggiamento schizzato, catenella e due anelletti inchiodati sull'orecchio destro, capelli lunghi sulle spalle, abito nero, scarpe nere, gilet nero, camicia nera, era riuscito pure ad inserirsi in un attentato...» E allora?

Il mostro di Milwaukee, Jeffrey Dahmer, tanto per fare un esempio a caso, prima di uscire per trovare i suoi soggetti da squartare, amava vestirsi con giacche, camicie e cravatte impeccabili!

✯ I BUONI PENSIERI

«È solo la luce che distingue l'uomo bianco dall'uomo nero.»

SECONDO CANAZZA

al buio ci si vede meglio

Amo gli abitanti del buio, anche se «disperati», emarginati, trasgressivi. Perché il tempo che mi resta da vivere, nel bene e nel male, per poco o tanto che sia, non lo impiegherò, certamente, per consigliare a chicchessia un rossetto, una sciarpa o un bracciale, ma lo regalerò a chi sale sui treni diretti agli orizzonti del fantastico.

Mio padre, quand'era in vita (ma il suo racconto continua ancora oggi, soprattutto di notte) mi diceva che in Grecia, durante la seconda guerra mondiale, un vecchio, re dei silenzi e girovago del mondo, in uno stentato italiano, amava ripetergli questa frase: «I vincitori non ti danno mai la chiave delle loro vittorie. I disperati, ti danno quella delle loro sconfitte. La potrai usare, se credi, per arrivare alle tue vittorie».

È un pensiero semplice, ma che ho fatto mio e che amo custodire. Ecco perché spesso anch'io imparo dalla notte nozioni e lezioni indimenticabili. D'altronde, chi ti frega di notte non è mai tanto mascherato come chi ti frega di giorno.

Sì: di giorno la gente, colpita dalla luce, si maschera, si mimetizza, si confonde. Ti inganna, spesso. Di notte, no. Il buio è complice, rende tutti più veri: i malfattori si distinguono; i travet tolgono i loro abitini di rappresentanza e chi ha il potere allenta la sua corazza. Di notte, le strade sono vuote, la natura riposa e, nel silenzio, è possibile sentirne il respiro. Nel buio, se cadi, nessuno ti vede: ti puoi rialzare comodamente e lentamente. Di notte, l'imprevisto si sposa con il mistero; il coraggio con la curiosità; il peccato con la spiritualità.

✯ I BUONI PENSIERI

«Cerco Dio tra i tossici, nei bordelli, nei salotti buoni, ma quando arrivo io, Lui se ne è andato da un secondo.»

ENZO GHINAZZI

il ricordo dei nostri cari

La partenza dei miei genitori era annunciata. Il loro calvario è stato una dura e lunga prova che il destino mi ha riservato. Quando hanno lasciato questo mondo, questa valle di lacrime – come si recita in chiesa – parenti e amici forse non hanno capito il mio sorriso luminoso. Sorridevo anche nel giorno dei loro funerali. Sì, lo ammetto: provavo un senso di pace, di serenità. Intuivo e capivo, dai loro volti senza vita, ma distesi e pacati, che avevano incontrato entità a noi sconosciute. Percepivo, con forza, che le loro anime si erano finalmente liberate. Ero certo, e lo sono tuttora, che il regno dei giusti gli aveva spalancato le porte e che la sensazione sublime e misteriosa che accompagna la morte li aveva ripagati di tutte le loro sofferenze, le loro sconfitte e i loro affanni. Ora lo so, lo sento, stanno bene davvero. Spesso mi appaiono in sogno. A volte, invece, mentre veglio nel buio della notte. Chiudo gli occhi, quando mi capita di «incontrarli», per assaporare lo straordinario e terapeutico piacere delle loro lievi carezze incoraggianti. Spero possa accadere ad altri di capire, di sentire. Non servono menti eccelse o sensibilità particolari! Tutto avviene inspiegabilmente. A volte dopo un lungo pianto.

Questo vale, soprattutto, per coloro che ricordano i propri cari con struggente nostalgia. Il nostro pianto è liberatorio per noi ed è, per loro, per i trapassati, la certezza che i confini fra la vita e la morte li ha creati chi vive male per morire peggio. Così la penso io.

✯ I BUONI PENSIERI

«Per i naviganti bisognosi di vento, la memoria è il punto di partenza.»

ANONIMO

la cultura e la conoscenza non sono mai abbastanza

Abbiamo una sola vita, qui sulla Terra, e, dunque, sarebbe un peccato sprecarla. Troppi sottovalutano l'importanza che questo richiede: metodo, disciplina e preparazione. La nostra esistenza non è un viaggetto in cui si sta seduti a guardare il panorama. No. È indispensabile conoscere le regole utili a guidare il mezzo che ci può condurre dove vogliamo andare. Inoltre, se non abbiamo idea del tragitto che dobbiamo compiere, è necessario, almeno, sapere dove siamo diretti. La casualità è insidiosa, pericolosa e, spesso, non porta a niente di buono. Puntare su ciò che crediamo di essere e sembrare, senza continue verifiche e una buona dose di autocritica ci porta sempre verso il disorientamento e ad amare delusioni. Un po' di cultura è fondamentale per conoscere meglio se stessi e il mondo. Ricordo, per esempio, il mio disagio quando da giovane, arrivato a Milano, mi resi conto che la mia cultura era poco più di niente. Ho anche in mente la rabbia che provavo accanto a una persona veramente colta, perché mi rendevo conto della mia inadeguatezza. Perché non potevo agire né, tantomeno, interagire. Ne è passato di tempo e ancora oggi, ahimè, sono consapevole di quanto poco abbia appreso. Anche se pervasi da tanta curiosità e voglia di imparare, gli anni che mi sono lasciato alle spalle mi hanno insegnato quanto sia importante sapere. Conoscere. Confrontarsi. Ma i pentimenti e i rimpianti, quando cominciano a farla da padroni, servono a poco. È meglio programmarsi la vita, l'accrescimento e la conoscenza di ciò che siamo e dove siamo, per quanto possibile, finché si è in tempo. Acculturarsi porta valori impensabili e colori imprevedibili alla vita. La cultura è l'unica fortuna che l'uomo può programmare.

✯ I BUONI PENSIERI

«La cultura, come l'eleganza e l'onestà, si possiede ma non si esibisce.»

NATALINO RUSSO SEMINARA

luoghi comuni e antichi pregiudizi sulle donne

Ancora oggi resiste l'antico vezzo di definire «brutta» una persona – soprattutto se donna – solo basandosi sul suo aspetto fisico. Ho cercato di capire perché e ho notato che, quasi sempre, chi definisce «cozza» o «cesso» una donna è un maschio. Spesso, diciamolo!, superficiale: uno di quelli che hanno la bocca piena di brutti aggettivi e – purtroppo – la testa vuota. Spiace dirlo, ma sono tanti, questi uomini. Mentre mi risulta che le donne non usino con facilità certi epiteti per descrivere fisicamente un uomo. Anzi, quando ne incontrano uno che non rientra nei canoni del bello adoperano termini di certo più intelligenti quali, per esempio, singolare, interessante eccetera. Anche in questo caso, quindi, abbiamo la prova di quanto le donne sappiano guardare oltre la facciata e fare analisi ben più profonde e sensate degli uomini. Inoltre, volendo continuare a elencare i tanti luoghi comuni che penalizzano la donna, si potrebbe sottolineare lo sbaglio che molti fanno nel giudicare quelle libere ed emancipate. Quasi sempre, infatti, per parecchi maschi e talvolta, purtroppo, per certe femmine, inconsapevoli o consapevoli nemiche della loro specie, sono «poco di buono». E sappiamo pure come ancora oggi venga giudicata una donna che di sera si veste bene, s'ingioiella, si trucca e si pettina con cura per uscire con un'amica alla ricerca di una innocente serata d'evasione. Non tutti, d'accordo, la pensano allo stesso modo ma, purtroppo, ne restano tanti! E allora, perché non usare lo stesso metro e lo stesso giudizio per uno che la sera lascia la moglie ed esce per «ritrovarsi con gli amici» senza dare troppe spiegazioni? Costui, mediamente, viene ritenuto un «ganzo» dai suoi consimili: uno, cioè, da rispettare e ammirare. Nel giudicare gli altri attraverso il loro aspetto e la loro appartenenza sessuale, sarebbe necessario pensare a quello che si dice, anziché dire quello che si pensa.

✯ I BUONI PENSIERI

«Le illusioni della vita creano spesso alienazioni.»

ARTHUR SCHOPENHAUER

il mestiere dell'attore, oggi

Mi piacerebbe rendere pubblici i nomi e gli sfoghi delle tante brave attrici e i tanti bravi attori, noti o meno noti, giovani e vecchi, che vedono sfumare i loro sogni e i loro progetti – dopo anni di impegno e preparazione – perché qualche pupa o qualche bullo, quasi sempre spinti e raccomandati da gente più interessata ai loro corpi che alla loro arte, rubano immeritatamente la scena. Oddio! va anche detto che qualcuno, a volte, riesce a fare la sua porca figura, ma francamente, la bravura, l'intensità, il magnetismo e il carisma nelle performance, anche quelle migliori, di questi artisti improvvisati, io non li ho mai notati, non ho mai colto niente di particolarmente esaltante e memorabile. In questo ambiente ci vivo e so grazie a quali meriti o, meglio, prestazioni, molti sono arrivati a essere dei veri e propri divi. Divi di oggi, s'intende: sigla che sta per «Domani Inevitabilmente Veri Infelici». Perché sulla sabbia non si costruisce nulla, nemmeno quando è dorata come quella del Mar Rosso. Perché una verza con i bei toni del viola, anche se oggi campeggia sui tavoli di case lussuose, sempre verza rimane. Perché un corvo, per quanto visibile, non può aspirare a diventare un'aquila. Perché un rigagnolo non sarà mai il Nilo. Perché una lanterna, per quanto luminosa, non sarà mai il sole. Agli attori d'oggi, quelli seri e preparati, suggerisco di misurarsi nel campo teatrale, anziché in quello televisivo. Lì, forse, un cane è un cane e un attore rimane un attore. Lì non si può barare. È più difficile, lo so. Di teatro se ne fa poco. Non ci sono soldi. Ci sono pochissime teste pensanti. Per chi, invece, sogna il cinema e la tv, eccola la mia riflessione: i bravi attori che vogliono emergere non hanno che una scelta, «studiare» da veline e tronisti. Pensate: è un lavoro che si può imparare a letto.

✯ I BUONI PENSIERI

«Il pubblico è stupido, ma lo spettatore è intelligente.»

VITTORIO GASSMAN

il significato di un applauso

Sempre più spesso, ci convinciamo che l'applauso confermi ed esalti positivamente ciò che siamo e che facciamo. Mai, come ora, gli si è dato tanto valore. Un valore insulso! Esce una bara da una chiesa, dopo un funerale: applauso. Esce una sposa da una chiesa: applauso. Un bimbo posa per una foto: applauso. Un impiegato legge due righe relative a un piano commerciale: applauso. Due persone si lasciano, versando qualche lacrima: applauso. Un belloccio con l'aria beota ammicca, davanti a una telecamera, in televisione: applauso. E così via. Di scroscio in scroscio. Finché l'applauso, fragoroso e crescente, non diventa il fenomeno condizionante nella vita di troppa gente. Il consenso espresso con il battimani ha sostituito, in questa società del deficere, il silenzio. Come dire: trasformiamo, esaltiamo quel poco che siamo attraverso un bell'applauso. E tutti a casa. Contenti, perdinci! Così siamo arrivati a confondere, attraverso l'errato messaggio degli applausi fatti con faciloneria, i meriti e i demeriti. I grandi uomini e le grandi donne, che sono sempre meno, vengono ormai applauditi al pari di quattro poveracci pronti a tutto pur di avere davanti un po' di gente vociante ed esagitata che batte le mani. Perciò chi ha più testa si impegni perché l'applauso non diventi una specie di credo. Interpretare un applauso che ci viene fatto può aiutarci a far luce su ciò che siamo davvero. E il saggio considera l'applauso come un pneumologo considera la nicotina.

✭ I BUONI PENSIERI

«Se lasci uscire un verme da un barattolo di vermi, tutti gli altri gli andranno dietro.»

MARGARET ATWOOD

il senso del limite... e del ridicolo

Una volta l'esibizionismo e l'eccentricità appartenevano soprattutto al mondo giovanile. Da ragazzi, la voglia di affermare la propria identità davanti al mondo, per dire che si esiste, è non solo tanta, ma anche necessaria per crescere. È inoltre la fase in cui ci si abbandona alle pulsioni, si seguono più facilmente gli istinti. Non si hanno preclusioni, steccati, condizionamenti né, tanto meno, remore. Gran parte dei giovani si vestono con abiti coloratissimi e a dir poco improbabili, si pettinano e si truccano in modo insolito e si comportano come se il resto del mondo non esistesse. Il futuro, il tempo che passa, non contano per loro, che si sentono immortali e sembrano vivere in un eterno, e imprevedibile, presente. Personalmente, ho una grande simpatia per le follie dei giovani e li guardo con indulgenza perché so, e lo so bene, – avendolo sperimentato anch'io – che è la loro ultima «vacanza», l'ultimo ferragosto, l'ultima calda e limpida estate dell'innocenza. Dei giochi. Della spensieratezza. Poi, come per tutti, arriva l'età della consapevolezza e, con quella il tempo dei confronti, dei dubbi, delle sfide, dei problemi, dei ripensamenti, dei rimorsi e dei bilanci. Quindi, lasciamo che i giovani si godano anche i colori forti della vita: il rosso, il fucsia, il turchese, lo smeraldo, il giallo e l'arancio. Il guaio è che spesso non sono i giovani che giocano a fare gli spacconi. Sono gli spacconi che giocano a fare i giovani. Quelli che, per intenderci, superati i fatidici anta, vogliono a ogni costo assomigliare ai figli.

Senza limiti... né, purtroppo, senso del ridicolo.

Si può essere eccentrici, certo, ma a una condizione: quella di possedere cultura, fascino e una forte personalità. Un eccentrico privo di queste doti è, purtroppo, solo un poveraccio che si vuole far notare. È un pagliaccio senza circo.

✯ I BUONI PENSIERI

«Non c'è niente di peggio che essere una brutta copia di una brutta cosa.»

NICCOLÒ AMMANITI

le relazioni mortificanti

Un uomo che non rassicura la moglie anche dopo le prime rughe e dopo i primi cedimenti del fisico, non se la merita accanto. Spesso, i timori che tormentano una donna nascono da banali luoghi comuni e tante volte, per l'appunto, dalle pretese di un partner ottuso. Nessuno, varcati gli anta, tende a migliorare fisicamente. Nemmeno i maschi, alla faccia delle sciocchezze da rotocalco create per farci credere che un uomo maturo è più interessante di un bel giovanotto. Frottole. Nient'altro che frottole. Spesso sono i nostri occhi che vogliono leggere certi messaggi. Perché in realtà, vivaddio!, dopo gli anta si comincia a vedere ciò che siamo realmente, con il bello, il brutto, la consapevolezza, la luccicanza, la profondità, indipendentemente dal sesso a cui apparteniamo. Ovviamente, questa «immagine» autentica la scopre chi vuole, e sa, cercarla. Per chi si commisera e resta in attesa dei peggiori eventi, invece, non c'è via d'uscita. Quindi, le donne preoccupate o frustrate da compagni poco rassicuranti, gli facciano capire di provare interesse per tutti quegli uomini che, superati gli anta, sfoderano le armi «oneste» della vita: la saggezza, la coerenza, la bellezza della mente prima di quella fisica, i segnali rassicuranti della complicità, la capacità di orientarsi lucidamente nella vita e di calibrare gli impulsi senza barricarsi nelle certezze... Insomma, i toccanti «regali» della maturità. Facciano capire ai loro uomini che non ambiscono al muscolo. Che in cima ai loro interessi non c'è il ventre piatto, né la pelle levigata e abbronzata. Gli dimostrino la loro intelligenza. E cerchino di non sentirsi mortificate da qualche ruga o un po' di pancia. Se i maschi non capissero, se ciò non bastasse, se lo specchio dovesse rimanere lo spauracchio dell'esistenza per colpa di un compagno ottuso al proprio fianco, allora... niente lacrime né apprensione. Ma gioia. Gioia per non essere come lui. E a testa alta andarsene via. Lasciandolo solo. Che capisca. O si faccia un amante. Di quelle che ragionano in modo opposto, ovviamente.

✯ I BUONI PENSIERI

«È meglio essere soli che sentirsi soli in coppia.»

DANIELA MARCHI

non ti curar di loro...

Quando si prova disistima per qualcuno, è meglio non frequentarlo e non considerarlo poiché, presto o tardi, riserverà delusioni e brutte sorprese. In passato, da giovane, mi è capitato di chiudere un occhio su soggetti che, a mio avviso, non valevano una cicca. Mi sono sempre imposto di mediare, di cercare un compromesso, di andare oltre l'istinto. Con il tempo, però, ho notato che quando qualcuno non ci piace, è meglio evitarlo. Sono convinto che non possiamo piacere a tutti come pure l'esatto contrario. Francamente, perdere tempo a capire chi non stimiamo, lo considero un inutile spreco di energie e un indizio di scarsa personalità. È preferibile coltivare il proprio carattere e cercare, come dico sovente a me stesso, di piacere tanto a pochi e non poco a tanti. Credo fortemente che la ricerca di consensi da chi non è in sintonia con noi dimostri, a volte, quanto siamo deboli. Personalmente, sono detestato da un mucchio di gente, soprattutto da certe persone nel mondo della moda e da altre in quello dello spettacolo. Anche da certi omosessuali del mondo della moda non sono ben visto. Se, però, dovessi chiedermi da cosa dipenda tutto questo, avrei una risposta pronta e precisa da darmi: sto antipatico a chi non stimo. È necessario evitare di angustiarci, quindi, quando qualcuno ci evita, ci contrasta o dimostra la sua antipatia nei nostri confronti. La vita, di per sé, è già così difficile!

Mi sto accorgendo, man mano che passano gli anni, di quante persone, a cui sono antipatico, non riescano a celare il loro imbarazzo se m'incontrano. Non sanno se salutarmi o abbassare lo sguardo. Sono quelle che, nel tempo, ho sempre guardato con sospetto. Quelle che non ho mai stimato. Sono i soggetti che in fin dei conti ho detestato e continuo a detestare. Quindi, ho scoperto, da queste esperienze, che una delle più sottili e appaganti soddisfazioni di chi ha carattere e personalità, consiste nell'essere detestato da chi non stima.

✯ I BUONI PENSIERI

«Guarda il sole e l'ombra ti ricadrà alle spalle.»

PROVERBIO

la mia idea di bellezza

M'interrogo, spesso, sul significato che la bellezza sta assumendo oggigiorno nel mondo. E, sempre più sovente, guardandomi intorno, mi assale un senso di inadeguatezza. Della vita stessa, a volte.

È solo quando incontro i generosi, i disperati, gli umili, i «curiosi» della propria esistenza che penso di vivere in un «mondo bello». Ed è solo in questi rari casi che sento, forte, quanto la vita può rivelarsi straordinaria. In realtà vivo condizionato, quotidianamente, da chi vola basso; misurandomi con la mediocrità di chi corre senza avere un traguardo degno; osservando il grigiore che accompagna le azioni di molti, troppi uomini. Me compreso.

Mi manca la parola luminosa di chi possiede solamente quella e la difende fino all'ultimo. Mi impegno, quindi, per accumulare sguardi e palpiti. Non solo denaro. Mi tornano in mente le aule nitide delle scuole e i severi ma sereni dormitori del collegio, cari ricordi che conservo nella mia mente, ma che, purtroppo, sono e restano ricordi. Ci si capiva, allora. Ci si toccava. Ci si picchiava, anche, ma per cause legate a rabbie selvagge cariche di impulsi d'amore. Amore bello. Spontaneo. Disinteressato. Libero. Sfrontato. Aspro. Stimolante. Ora, con qualche soldo, chi sono? Me lo dico da solo: un viandante alla ricerca di provvidi consigli di cui la vita è avara.

E adesso, francamente, il soldo è sempre più carta, un bell'abito è sempre più cencio, la mondanità una povera forma d'incontro e i sorrisi di circostanza una veloce distrazione dalla realtà. Ma, per fortuna, ho il mio lume. A olio. Si chiama curiosità. Non vedo straordinari bagliori, sinceramente. Ma li intuisco. Spesso inciampo. Poi mi rialzo. E cerco, dignitosamente e fieramente, l'equilibrio e, ancora, l'esperienza: l'unica materia che serve davvero all'uomo per imparare il difficile mestiere del vivere.

✯ I BUONI PENSIERI

«Il dubbio è l'arte del vivere.»

JULIETTE BINOCHE

la bellezza «inferiore»

Accade ancora oggi che, per amicizia, debolezza o idiozia, mi lasci coinvolgere in qualche insulsa gara di bellezza. Quella superficiale ed esteriore, per capirci. Quella inferiore, insomma!!! Ecco come ho vissuto l'ultima esperienza...

Arrivo con largo anticipo nel posto dove si terrà il concorso. Nell'attesa mi guardo attorno pensando, per la verità, a quante ragazze carine ma poco caratterizzate dovrò osservare. Mi capita, per esempio, di non distinguere un'aspirante miss dalla ragazza dell'edicola accanto all'albergo. Ma dato che il mio motto è, e rimarrà, «il cervello innanzitutto», scaccio velocemente questo pensiero dalla mente.

È ora: la giuria si riunisce e ci trovo dentro amici, conoscenti, addetti ai lavori e presenzialisti rompiscatole. Tutti insieme cerchiamo di dare un senso a questo impegno. Che ne sarà di quelle bruttine? E poi, sono davvero bruttine? Le vediamo tutte. In un solo, frenetico e imbarazzante passaggio. C'è quella frizzante, quella accattivante, quella ammiccante, quella fatale, quella altera, quella scostante. A dire il vero, c'è anche quella un po' «stronza». Ha un bel viso e viene dalla Calabria. Le chiedo di sorridere e lei, per tutta risposta, mi dice: «Cosa c'è da sorridere? Non rido a comando». Caspita, commento, che carattere! È una stronza, ma mi piace: ha personalità, cammina bene. Ha un bel fisico e una di quelle facce che non puoi dimenticare. Perché non preferirla ad altre? Segno, per lei, sulla mia scheda, un punteggio alto. Se vince, purtroppo, dovrà cambiare nome: ne ha uno che risulta orribile! Fra noi giurati, dopo una marea di visi, gambe, seni e glutei più o meno mozzafiato, c'è un attimo di sbandamento. Ma tant'è. «Abbiamo votato?» domando. Sì, tutti hanno votato. Dopo la raccolta delle schede mi accorgo, da una veloce analisi, che i giudizi si differenziano parecchio.

Avremo dato dei voti giusti? Boh! Chi lo sa: la bellezza e il fascino non sono, in fondo, un fatto assolutamente soggettivo? Comunque, domani è un altro giorno. Si vedrà.

Ed eccolo, l'altro giorno. Noto che la frenesia è in aumento. Oggi, in fondo, la nostra analisi avrà dei criteri molto più precisi e il nostro giudizio sarà determinante. La coordinatrice, perentoria, ci intima un «alle cinque tutti pronti!» Alle cinque noi siamo pronti, ma le ragazze no: lo saranno alle sei e mezzo. Selezione veloce veloce: nome, cognome, hobby. Dallo sguardo di qualche giurato intuisco un gran desiderio di avere anche il numero telefonico, ma le candidate sono impenetrabili. Qualcuna, forse, lo darebbe con la speranza di una scritturina ma, via!, c'è tempo.

Ecco, fra le tante, un visino spiritoso, capelli corti, occhi vispi, gesti sicuri, disinvoltura da vendere. A chi appartiene, tutto questo? Vengo a saperlo. Mi piace e, noto, piace un po' a tutti. Non è un granché alta, ma in fondo cosa conta? C'è un'altra ragazza che mi salta all'occhio. È sarda. Un po' inquietante, un po' sacerdotessa. È tardi. La «parata» è finita.

Si riparte, con un esame più attento, alle dieci di sera. In pratica, è notte. Dopo uno spuntino e una doccia veloce, si ricomincia. Ora le ragazze devono parlare di loro, esternare desideri, sogni, dubbi e certezze. C'è chi vuole cantare. Chi vuole ballare. Chi vuole sfilare. Chiedo a una, che desidera fare l'attrice, quale diva italiana preferisca. Mi risponde Sophia Loren. Dopo un po', lo domando a un'altra: stessa risposta. Passati dieci minuti lo domando a un'altra ancora, e mi sento fare il medesimo nome. Più tardi, voglio sapere da una ragazza delle Marche quale sia la donna che incarna il suo ideale di bellezza: Sophia Loren. Sarà contenta, penso, la Loren! Faccio notare a una, molto carina, che è dura come un baccalà. Devo averla scossa e convinta perché, da subito, si muove con più scioltezza. Sono le due di notte. Siamo stanchi, le ragazze stravolte, gli organizzatori cotti. Propongo la sospensione del tutto e chiedo di proseguire con la selezione il giorno dopo, alle tre di pomeriggio. Tutti accolgono la mia iniziativa con entusiasmo e le ragazze con un grande applauso e qualche lacrimuccia di gioia. Buona notte a tutti!

Altra giornata. C'è il sole e l'atmosfera è quella delle grandi occasioni. Le ragazze sanno, purtroppo, che per certe di loro ci sarà la solita «operazione ecatombe». Ma questa, ahimè!, è la regola! Alle tre siamo pronti e, in poche ore, portiamo a termine la selezione e siamo tutti in grado di dare un voto definitivo. I nostri giudizi sono un po' scombinati, ma decideranno le equazioni. Mi chiedo, per un attimo, se avrò dato dei giudizi attenti e scrupolosi, ma la risposta la trovo subito: ogni giudizio, per quanto sacrosanto, è opinabile. È già sera. Alle dieci c'è lo spettacolo con il «verdetto finale». Doccia, solito abito bianco e giù di corsa a sedermi davanti al palco. Per un attimo mi sento un coglioncione. Il cielo è stellato. Fra poco, decine di ragazze rimarranno con l'amaro in bocca. Ricordo ciò che è emerso dai loro discorsi del pomeriggio e della sera precedente: quasi tutte vogliono diventare top model. No!, non model: proprio top model!

Quasi tutte sognano la passerella. Quasi per tutte il mito è la televisione e il sogno è quello di lavorare con «i grandi stilisti». Poche, purtroppo, le eccezioni. E poca, soprattutto, la sincerità e l'umiltà. E, spesso, l'autocritica. Poca anche la povertà. Tutte provengono da famiglie benestanti e mi chiedo se non sia questo che le allontana dalle sane sfide che nascono con se stessi quando il pane, in casa, scarseggia. Ma forse sbaglio! Moltissime di coloro che vogliono fare le attrici hanno parametri e punti di riferimento inconcepibili e superati. C'è qualche bella eccezione che però, e francamente, non può essere eletta perché significherebbe per il concorso un violento terremoto innovativo.

Mentre osservo il cielo stellato, lo spettacolo inizia: musica, sfilate, canzoni, balletti. Cuori che palpitano. Occhi alle stelle. Preghiere al cielo. Gioia e imprecazioni in arrivo. Amarezza e lacrime. Vengo chiamato sul palco. Mi accorgo che non ho niente da dire né, tantomeno, l'autorità per dire. In questo momento, accidenti!, non possiedo nemmeno un pizzico di autostima. Così farfuglio, con una leggera nota di malinconia, questa frase: «Se stasera qualcuno piange per un concorso sull'avvenenza, pensi all'inutilità e agli orrori delle guerre, e la ragione di quel pianto svanirà». Un applauso scrosciante mi avvolge. Non aspetto di essere congedato. Me ne vado da solo. Pensando quanto poco basti per infiammare l'animo umano. E pensando a quanto sono cretino e retorico.

✯ I BUONI PENSIERI

«Le donne belle? Vanno lasciate agli uomini senza immaginazione.»

MARCEL PROUST

recuperare la femminilità

Non credo che la parità fra i sessi sia un fatto di moda: credo, invece, che sia legata alle abitudini e al costume della nostra società. Molte donne di oggi hanno confuso l'indipendenza e la parità dei sessi con atteggiamenti spavaldi, aggressivi e tutt'altro che femminili. In nome di cosa o di chi non è comprensibile ma, di certo, da quanto vedo in giro, e dallo scontento che molte donne mi esprimono, non è un comportamento che può giovare al mondo femminile. Guardandomi intorno, m'imbatto in un numero sempre maggiore di donne che, al di là dell'aspetto esteriore, hanno rinunciato completamente alla femminilità. A tal punto che quando capita di incontrare una donna che esprime la grazia e la forza ineguagliabile del proprio sesso la si guarda ammirati. La si osserva come un'eccezione, insomma. Ma non dovrebbe essere un'eccezione, la grazia femminile. Come non dovrebbe essere un'eccezione la cura della postura, del passo, del porgere, del gesto, del muoversi.

Qualità fuori moda? Se è così, vedo prossimi i tempi in cui reclameremo ad alta voce il ritorno della donna-donna. Non leziosa, s'intenda! No: quella che tiene alla propria identità e al proprio ruolo. Ce n'è sempre meno di queste donne. Ecco perché quelle dell'Est riscuotono più successo rispetto alle nostrane: perché esprimono ancora le qualità misteriose della seduzione femminile. Ma anche tra loro, ovviamente, ci sono le eccezioni. Avete visto come camminano certe ragazzotte provenienti da quei Paesi, quando calcano le passerelle degli stilisti? Se quella è seduzione, Dio ce ne scampi e liberi! Quanto alle bellezze esotiche, da tempo in auge, che dire? Certo emanano una sensualità prepotente, da sempre. Ma è un altro tipo di seduzione, quella. È una strategia d'acchiappo.

È necessario, comunque, che oggi le donne si convincano che un bel corpo provocante non va confuso con il possedere charme e grazia.

La provocazione non è mai stile e non è mai indizio di femminilità.

✯ I BUONI PENSIERI

«La femminilità piace agli uomini perché permette loro di apparire, per contrasto, più virili.»

SUSAN BROWNMILLER

la condizione femminile oggi

Oggi, in effetti, si sta verificando nella società un mutamento che porta, inevitabilmente, disagio e malessere nel rapporto fra i sessi. Sto alludendo a quello che mi pare si possa definire come un appannamento della figura femminile, che appare meno delineata di un tempo. Forse, e dico forse, le conquiste delle donne sono state confuse con certi traguardi superficiali, che le hanno viste «vincenti» ma in vesti assolutamente discutibili. Quegli uomini che giudicano le donne basandosi solo su questi esempi si comportano perciò di conseguenza. Tendono, purtroppo, a fare di ogni erba un fascio e dunque, spesso, temono il confronto con una compagna sensibile, intelligente e autonoma, preferendo invece prede facili, che confondono la seduzione con la provocazione, l'amore con il sesso, un progetto di vita a due con una relazione occasionale.

D'altronde, guardandosi intorno, le previsioni non sono rosee e, di sicuro, non porteranno certe donne ad autostimarsi, a sentirsi appagate e realizzate. Un tempo, si poteva dire che erano sfruttate perché non avevano il potere, ma ora che ognuno ha la possibilità di esprimersi, perché confrontarsi con il maschio solo sul terreno dei sensi, rinunciando a riqualificare i sentimenti? Di questo passo, il rapporto fra uomo e donna si ridurrà a un discorso tra sordi. Forse è arrivato il momento di farsi una domanda: «Possibile che nel terzo millennio ci siano ancora tante donne così stolte da porsi verso gli uomini come alternativa alle partite di pallone?» Accontentando, di conseguenza, solo un certo tipo di maschio: lo stallone, magari pure bravo a letto, ma che mai e poi mai potrà rivelarsi un buon compagno, un buon padre o un buon amico.

✭ I BUONI PENSIERI

«Non sono gli uomini nella mia vita che hanno importanza, ma quello che conta è la vita nei miei uomini.»

MAE WEST

l'aggressività al posto del sorriso

Molta gente, soprattutto giovane, manifesta il proprio esistere cercando di dare nell'occhio, di colpire. Nei modi più svariati. Non è necessario essere uno psicologo per capire che quando una persona, a qualsiasi età, usa la prepotenza e l'aggressività per imporsi denota una profonda insicurezza. Chi urla al mondo che c'è, che esiste; chi sfodera la propria identità sgomitando, sbraitando, eccedendo, non è mai sicuro di sé: è, semplicemente, un essere fragile, dalla personalità confusa. A dire il vero, i media hanno infinite colpe in questo senso e, di conseguenza, gli adulti: quelli che vivono in funzione del consumismo e del denaro. Spesso rifletto su una capacità che abbiamo perso e che ritengo fondamentale per il nostro benessere interiore: quella di sorridere. Mi amareggia constatare che la gente non sorride più con il cuore e con gli occhi; che vengono scambiati per sorrisi dei ghigni disanimati. Ma vedendo sulle passerelle degli stilisti più osannati le modelle e i modelli che si muovono con falcate militaresche, immusoniti e ottenebrati nella loro ossuta aggressività, a chi devo dare la colpa? Perché lamentarsi se nelle vie più commerciali e lussuose di ogni città occidentale persino i manichini – anche quelli per la moda infantile – hanno l'espressione feroce e felina di chi manifesta più odio che affabilità; più rabbia che amore; più rifiuto che seduzione? Sarò sincero: a volte, guardandomi intorno, vedo sempre più gente che non sa baciarsi con gli occhi. Vedo un mondo in liquidazione che si sta svendendo, anche perché ha perso il bene del sorriso.

✯ I BUONI PENSIERI

«Nella violenza ci dimentichiamo di noi stessi.»

MARY MCCARTHY

le frustrazioni e i disagi dei giovani

Oggi le ragazze sono bombardate da messaggi subdoli e fuorvianti: devono essere belle, simpatiche, frizzanti, alla moda e comunicative sennò, povere loro, sono tagliate fuori da questa febbricitante società basata perlopiù su valori mediocri ed effimeri. Ma anche per i maschi la musica non è poi tanto diversa... Conosco molti giovani che vivono con addosso un malessere e un disagio continui, frustranti. Ma vedere come unica alternativa la rassegnazione è sbagliato e pericoloso. A volte intervengono i genitori, ma il loro metro nel misurare i problemi dei figli, non sempre si rivela corretto. Un conto è quando un genitore scuote la sua figliola perché si goda la vita per quello che è; un altro è quando ignora, o cerca di ignorare, certi problemi risolvibili. Perché, per esempio, una figlia dovrebbe accettare di avere la peluria quando esistono sistemi semplici per eliminarla temporaneamente o definitivamente? Perché dovrebbe rassegnarsi a un portamento curvo quando del buon esercizio fisico, o un corso di danza, le possono togliere il difetto e valorizzare quel poco seno che ha? Perché non individuare qualche bravo psicoterapeuta che faccia accettare a una ragazza bassa i suoi centimetri e le faccia capire che il mondo è pieno di piccolette toste e vincenti? Certi genitori, commiserando i problemi dei figli, non fanno altro che accrescere il loro disagio e, di conseguenza, il desiderio di isolamento. Ma anche liquidare come inesistenti le loro piccole e grandi angosce, sperando che prima o poi passino, non mi sembra granché risolutivo. È difficile, ma l'ideale sarebbe una reazione equilibrata, un mix di disponibilità a trovare una soluzione e, insieme, di incitamento a non lasciarsi andare. Perché non bisogna mai darla vinta al destino avverso e spetta a chi ha più anni ed esperienza saperlo trasmettere ai ragazzi. Non come una lezione, ma come una «dritta» di quelle giuste per imparare a campare con fierezza, coraggio e dignità.

✯ I BUONI PENSIERI

«Provvedere senza preoccuparsi, invece di preoccuparsi senza provvedere.»

EDOARDO BONCINELLI

l'esibizionismo: una malattia infantile della società

Confesso di non sopportare più le tante varianti dell'esibizionismo cui quotidianamente mi capita di assistere. Quando sono invitato in qualche studio televisivo vedo che chi dovrebbe dare un buon esempio davanti alle telecamere si comporta invece in modo a dir poco imbarazzante. Per strada, assisto a scene di volgarità tanto gratuita quanto intollerabile. In politica, mi pare vinca sempre chi mette il potere e l'arroganza davanti a tutto e a tutti.

Ormai viviamo in una società dove conta mostrarsi, sbracciarsi, esibirsi, urlare, sbraitare, in una corsa affannosa verso quella che mi sembra solo una forma di isteria collettiva. Constato, ogni giorno, che la gente si racconta un sacco di fandonie, forse per trovare conforto alla propria pochezza esistenziale. Perché lo fa? Perché desidera la notorietà a ogni costo, i consensi facili, lo status economico e sociale. Molti si convincono che se non sono al centro dell'attenzione, o se non possono esibire qualcosa di strabiliante, allora sono dei falliti e degli emarginati. Insomma, dei perdenti.

Ma c'è da chiedersi: si è vincenti quando bisogna agitarsi all'infinito per essere visti, urlare a squarciagola per essere sentiti (e non, si badi bene, per essere ascoltati) o non quando si usa un po' di ironia, distacco e saggezza di fronte al variopinto e chiassoso circo della società odierna?

La mia risposta è prevedibile ma schietta e, credo, coniugabile a quel poco che la vita mi ha insegnato. Sono perdenti coloro che vivono aggredendo, a morsi rabbiosi, la propria vita e quella degli altri. Perde chi, giorno dopo giorno, non si accorge che riflettere e sorridere sulla propria precarietà è opportuno, anzi indispensabile. È sconfitto colui che vive furiosamente in funzione delle sue certezze e non sa più porsi domande. Cade, prima o poi, chi crede di essere il re del mondo e considera i suoi simili alla stregua di sudditi. L'esaltato, insomma, inciampa sempre. E quando gli capita, si fa male. Perché l'esaltazione di sé denota sempre un'insicurezza profonda.

✯ I BUONI PENSIERI

«Non c'è nulla di più ridicolo dello spettacolo della propria presunzione.»

ALDO GRASSO

non confondiamo la seduzione con la provocazione e la volgarità

Mi chiedo chi siano mai le ragazze che oggi piacciono tanto agli uomini. Sono forse certe tizie che si vedono in giro, che confondono il nudo con la sensualità, la provocazione con la malizia, la volgarità con il buongusto e il buonsenso? Se si tratta di quelle, e sono davvero tante, siamo messi bene! E se c'è qualche giovane donna che non assomiglia a loro e perciò si sente emarginata e perdente nel confronto, sappia che sbaglia e si fa del male inutilmente. Perché questo modello femminile non porterà niente di buono. Né a chi lo incarna, né a chi gli sta accanto. Cerco di spiegarmi meglio: se certe ragazze che si pongono e propongono con tanta sfrontatezza, confondendola con l'essere alla moda, intendono solo soddisfare il desiderio di sesso ed erotismo, nulla da dire! Se, però, cercano rapporti con il maschio che possano essere, oltre che appaganti sessualmente, anche solidi e profondi, beh!, allora non servono esperti per capire che il loro futuro si annuncia buio e tempestoso.

Ecco ora l'altra domanda che ci dobbiamo porre: chi sono, questi uomini? Sono quelli che cercano l'occasione non impegnativa? Sono coloro che valutano la donna ancora, ahimè!!!, come l'oggetto facile del loro desiderio? Sono i superficialotti che vedo in giro, predatori senza ombra di cervello e sensibilità? Sono i nipotini di Grandi Fratelli? Se sono questi, care donne, meglio la solitudine. Almeno quella, grazie al cielo, può essere parente dell'intelligenza. Stare con qualcuno che ci ama per ciò che siamo è la sostanza di qualunque rapporto. Se non abbiamo altro da dare, oltre al nostro corpo, con il passare degli anni ci troveremo a non essere ascoltati da nessuno. Ed è peggio, molto peggio, non essere ascoltati che non essere amati.

✯ I BUONI PENSIERI

«Oggi, la depressione è una malattia dell'apparire anziché dell'essere.»

MAGDA POLI

chi è troppo vanesio... nulla stringe

Sono persuaso che chi è troppo vanitoso, per giunta fragile e alla ricerca affannosa di successo, può fare solo danni, a se stesso e agli altri. Spesso quello che rovina tanta, troppa gente, è proprio la vanità. Conosco persone che la frequentano ventiquattr'ore su ventiquattro e non la lasciano mai. Che la osannano, la nutrono di ogni complimento per saziarla, l'abbeverano di ogni pozione per inebriarla. È vero, d'altronde, che la bellezza aiuta a emergere. E che può portare al successo. Ma non è vero in assoluto, come qualcuno pensa, che possa colmare da sola la mancanza di doti solide e durature: conosco belle donne e begli uomini che, proprio per la loro avvenenza, mai sostenuta da altre, più indispensabili qualità, si sono ritrovati col passare degli anni smarriti e sconfitti, nel continuo rimpianto della bellezza ormai sfiorita e appassita. Quindi l'avvenenza, quando diventa ex avvenenza, può facilmente assumere i connotati di una maledizione e condurre spesso al mal di vita. Soprattutto se l'ex avvenente, al di là della sua cultura e dello status sociale, è troppo vanesio.

Anche il successo, in tal caso, va a farsi benedire. Perché il successo, subdolo e infame com'è, si sazia, spesso, con le carogne delle ambizioni sfrenate. E le mortifica e annienta, senza che ce ne accorgiamo, di giorno in giorno. Chiedendoci, insolente, di andare avanti. Quindi, hanno ragione i saggi: è importante e necessario tornare indietro da soli, prima che siano gli altri a intimarci il dietro-front.

✯ I BUONI PENSIERI

«Quando la vanità opera in una testa debole, produce ogni sorta di guai.»

JANE AUSTEN

espressioni volgari per farsi notare

Una donna che dice parolacce danneggia la sua immagine e la sua femminilità, ma bisognerebbe stigmatizzare questo comportamento anche negli uomini. Io ne sono convinto e non mi piacciono quelli che – siano maschi o femmine – ricorrono a parole volgari o scurrili per esprimersi o cercare di sembrare più incisivi. Ma è una convinzione che ho da poco. Ogni tanto, infatti, mi capita di «colorire» con qualche termine scurrile certe espressioni indignate. Ma quando succede mi pento. Una volta, invece, non mi succedeva: lo facevo senza interrogarmi, nemmeno lontanamente, su quanto potesse dare fastidio a chi aveva, sull'uso delle parolacce, un'opinione diversa e contraria alla mia. Anche durante i convegni ai quali partecipavo come relatore, mi pareva che calcare la mano con qualche vocabolo spinto, a sorpresa, mi aiutasse in qualche modo a far colpo sulla gente. Sennonché un paio d'anni fa, a Firenze, una ragazza dallo sguardo che esprimeva, inequivocabilmente, intelligenza e profondità, si avvicinò a me dopo un mio caloroso e veemente discorso sul valore dell'immagine oggi, durante il quale pronunciai più volte le classiche parolacce d'uso comune, e mi fece una semplice domanda: «Perché, le parolacce?» Diavolo di una ragazza!, e povero me: non ero in grado di darle una risposta logica e sensata. Poi, guardandomi intensamente, lei aggiunse: «Ne ha bisogno?»

La seconda frase mi mise al tappeto, ma quello che più mi colpì, e mi fece riflettere, lo disse subito dopo: «Usa termini volgari chi è insicuro, chi è incapace di comunicare con le parole comuni, con lo sguardo, con il gesto. Un grande attore, su un palcoscenico, non ha bisogno di pronunciare battute a effetto e, se lo fa, è perché non possiede altre carte da giocare che quelle». Porca miseria!, una ragazzina mi aveva dato una bella lezione di vita. Beh, forse qualcuno non ci crederà ma io, da quel giorno, ho quasi smesso di usare, in pubblico, parole scurrili. In privato, ovviamente, qualche imprecazione vola, ma davanti agli altri mi sono imposto con fermezza di comunicare con le mie «carte». Ancora oggi, non più giovane, per crescere e migliorarmi faccio appello alla forza di volontà evitando le debolezze evitabili. D'altronde, è la rinuncia che rafforza la volontà.

✯ I BUONI PENSIERI

«Non scoprire la debolezza è l'artifizio della forza.»

EMILY DICKINSON

ostentare le proprie preferenze sessuali

Non ho mai predicato la libertà sessuale. Per il semplice motivo che le prediche le lascio a chi ha questa vocazione. Sono, questo sì, a favore della libertà sessuale, purché sia controllata dal buon senso e non danneggi i deboli e gli indifesi come, per esempio, i minorenni e chi non è in grado di intendere e volere. Quale buon senso? Quello dettato dall'equilibrio. Perché ho il sospetto che l'ostentazione e l'esibizione non siano segnali di buon senso ed equilibrio. Molti omosessuali, per esempio, non si sentono di far parte del carrozzone gay vociante e variopinto che, spesso e volentieri, compare sui media. Coloro che amano spettacolarizzare la loro omosessualità dovrebbero sapere di rappresentare, per l'altra parte di omosessuali, quella più riservata e compita, un elemento di imbarazzo. Negarlo e criticarlo, questo imbarazzo, sarebbe sbagliato e poco democratico. Personalmente, anche se il folklore non mi infastidisce, lo disapprovo perché mi è difficile considerarlo solo colore e spettacolo: per me, infatti, è un segnale di grande debolezza, fragilità e vulnerabilità. Mi sbaglio? Può darsi. Qualcuno potrà dirmi che è gioco, sfida, provocazione, trasgressione, ilarità, ironia e quant'altro. Sì, d'accordo, ma quanti escono «vivi» da questo gioco? Non sono, costoro, dopo le loro esibizioni, massacrati dalla maggior parte dell'opinione pubblica e da tutti gli omosessuali contrari? Qualcuno dice che servono a far discutere, a dare coraggio a chi non ne possiede. E se fosse l'opposto? Se queste esibizioni, visti i commenti di molti, contribuissero invece a isolare ancor di più chi è già isolato? Idee cretine? Può darsi: mi capita spesso di averne. Il problema, forse, sta nel fatto che la sessualità non dovrebbe avere definizioni né, tantomeno, paladini. Chi approva il rigore dell'assoluta eterosessualità sarebbe bene non giudicasse chi è sessualmente libero e quest'ultimo così dovrebbe venir definito. Di conseguenza, la persona che è sessualmente libera non si sentirebbe penalizzata. Purtroppo non succede: dopo tante battaglie e confronti, siamo ancora qui a dividerci tra Montecchi e Capuleti. Preoccupati, perplessi, imbarazzati, a volte rabbiosi. E la vita, intanto, va destinando le nostre regolette e beghe sul sesso all'oblio. Che è il posto dove inevitabilmente finiscono tutte le nostre povere esistenze.

✭ I BUONI PENSIERI

«Si pensa solo all'educazione sessuale, non a quella sentimentale.»

ANNAMARIA BERNARDINI DE PACE

il valore estetico e quello dell'originalità

Quante volte mi sono sentito chiedere cosa sia, per me, il buon gusto. Rispondo sempre che un conto è il buon gusto e l'amore per il bello (e non è detto che io faccia parte degli eletti che li possiedono solo perché opero nel campo dell'immagine!) e un conto è il buon senso. Mi dispiace, ma non sono fra coloro che si scandalizzano di fronte ai calzini corti di qualche americana, di un abito che fa intravedere parti del corpo appesantite dagli anni. Non mi turba vedere un po' di ciccia o qualche costola che sporge: in ciascuno di noi c'è sempre e comunque qualche lato gradevole, al di là dei difetti. E poi, che cosa è da ritenersi bello, piacevole? In base a quali parametri viene valutato? Cosa sono il senso estetico e il buon gusto? Sicuramente, chi possiede queste doti dovrebbe anche giudicare i difetti, «l'originalità» altrui, con un sorriso e un po' di indulgenza. Se vedo gambe grosse e tozze «come al mercato del pesce» o jeans aderenti su glutei inesistenti, se scorgo biancheggiare un po' di grasso «molliccio» o seni pendenti, non mi scandalizzo. Cerco di guardare oltre, di capire se sotto, magari, batte un cuore generoso e pulsa una mente straordinaria. Cerco di vedere prima l'uomo del calzino; il cervello della coscia; separo lo sguardo dalla cellulite; le storie di vita dalle rughe; l'anima da un brutto trucco. E, se posso, cerco di captare se c'è disponibilità, apertura verso gli altri. Chi adesso punta solo sulle forme turgide e sull'avvenenza, consideri che col tempo vedrà inesorabilmente sfiorire ciò di cui oggi va orgoglioso. Che farà, allora? Si coprirà? Si chiuderà in casa? Non lo credo. E allora cerchiamo di puntare più sull'anima che sul corpo: secondo me, la «scommessa» ci regalerebbe una vita migliore...

✯ I BUONI PENSIERI

«L'ansia di prestazione impedisce di accettare l'inevitabile imperfezione che affascina.»

GIOVANNA MEZZOGIORNO

cerchiamo la contentezza

Mi capita di incontrare, sempre più spesso, persone che cercano affannosamente – e sottolineo affannosamente – l'occasione d'oro della loro vita. Gente che si prodiga, a volte in modo convulso e disperato, per individuare strade che portano alla felicità. Alcuni cercano, addirittura, le scorciatoie. Ignorando, o evitando consapevolmente, le stazioni intermedie, i posti di blocco, i controlli doganali, i caselli in cui c'è l'obbligo di pagare un pedaggio o esibire il proprio documento d'identità. Molti vogliono la felicità a tutti i costi. Completa. E subito. Qualcuno la raggiunge. E l'assapora senza farsi domande. Ci si inebria. La corteggia. La possiede. L'assorbe. La sfianca. Finché, sfibrata e disgustata, la felicità abbandona chi l'ha sopravvalutata e se ne va. Lasciandolo solo. Affranto. A pensare ai tempi in cui è stato felice. Pronto a riprendere la corsa verso una nuova meta in cui ritrovare quel bene perduto.

Per quanto mi riguarda, rare volte ho incontrato questa benedetta felicità. Se è capitato, è durato per pochi attimi. Fuggenti. Questo mi è servito per capire che ognuno di noi dovrebbe cercare, e individuare, i percorsi che portano verso la contentezza, e non verso la felicità. Penso sia utile non chiedere al destino l'impossibile. Invece bisognerebbe vivere positivamente ogni giorno che passa senza cercare affannosamente e febbrilmente la felicità perché quasi sempre, anche se la incontrassimo, ci lascerebbe presto soli e pieni di rimpianto. L'incontro con la contentezza, invece, può rivelarsi appagante e assai più possibile e concretizzabile. È già un considerevole stato di grazia, la contentezza. E ci possiamo arrivare tutti, ricchi e poveri, perché sono la nostra volontà e la nostra testa a guidarci fino a trovarla.

✯ I BUONI PENSIERI

«Io non credo nella felicità, ma credo nel potere che possiamo avere tutti di crearci piccoli spazi di cose scelte che amiamo... dove ci si ferma e ci si ascolta.»

ORIANNA

a volte il dolore regala dignità

Qualche tempo fa mi è capitato di vedere in televisione, durante una commemorazione, quello che resta della famiglia Agnelli e di avere riflettuto profondamente su quei visi, quei gesti, quelle espressioni, quelle figure. Marella Agnelli, icona di stile ed eleganza, nonché moglie dell'Avvocato, altro esempio di classe, portava con noncurante raffinatezza i segni devastanti della vedovanza e della perdita di un figlio. La cognata, segnata dal medesimo destino, aveva la stessa mesta, dignitosa compostezza. Le ultime vicissitudini di casa Agnelli e le vicende Fiat hanno crudamente posto sotto lo sguardo del mondo quanto la sorte possa mostrarsi imprevedibile e crudele verso chi, a lungo, sembrava aver favorito. Il sorriso velato e amaro di Marella Agnelli mi ha trasmesso, oltre a un brivido, la sensazione che la forza d'animo e di carattere imprimono ai lineamenti espressioni straordinarie che gli sciocchi e i superficiali non sanno vedere. Gli stupidi, di quelle immagini avranno colto le rughe in più dei protagonisti, il loro incedere curvo, gli abiti scuri più cascanti rispetto al passato, l'atmosfera malinconica che li avvolgeva. I saggi e i sensibili si saranno accorti che negli occhi di quelle persone c'era tutta la pacata consapevolezza di ciò che il destino gli aveva riservato. In loro non c'era durezza, non c'erano atteggiamenti di sfida o di rivalsa, non c'era ombra di finzione, non c'era rancore. C'era, invece, quella sensazione inspiegabile che dà la quiete dopo il frastuono. C'era il fascino vero, quello della semplicità, della conoscenza di ciò che è il mondo, dell'imprevedibilità del destino e della caducità e provvisorietà della vita. Si coglieva, in quella circostanza, il lascito indelebile della sofferenza oltre a un'aura di sereno distacco dalle cose. Un mio amico attore, Fabio Salvatore, che ha avuto una vita difficile e travagliata, mi dice sempre che la sofferenza bisogna meritarsela. Sono d'accordo: il dolore, quando si vince, porta spesso una profonda saggezza e, a suo modo, ci regala una bellezza «speciale».

✭ I BUONI PENSIERI

«Questo dolore sempre giovane, attivo, che mi suscita incanti, collere e il desiderio di sfide; il dolore che spera in una tregua ma che non vede la fine. Per fortuna, io ho questo dolore.»

COLETTE

come si vestono i ragazzi: un modo per comunicare

Mi ripeto: provo molta simpatia per i giovani. E, lo ammetto, li compatisco anche un po'. Come non provare indulgenza e comprensione per certe loro provocazioni e per ragazzi che, sempre più spesso, non hanno né arte né parte perché noi adulti gli stiamo togliendo la possibilità di realizzarsi? Qualche tempo fa mi è capitato di osservare con attenzione un gruppetto di ragazzini, di entrambi i sessi, esibirsi in una chiassosa performance nel centro di Milano. Erano vestiti in modo assurdo. Il corpo, per loro, non aveva alcun valore poiché tutto ciò che lo ricopriva, strato su strato, era informe e casuale. L'abito, insomma, nascondeva quasi completamente chi lo indossava. Mi sono chiesto, dandomi qualche vaga risposta, cosa significasse, per loro, quella scelta. Ma, contemporaneamente, ho chiesto a me stesso, ritornando indietro nel tempo, cosa significassero per me, ragazzo nei mitici anni Sessanta, i vestiti colorati ed eccentrici che portavamo. E ho capito che il mondo non cambia. Ho capito che ieri, come oggi, un giovane si veste in un certo modo perché vuole provocare. Perché chiede di esistere. Di essere capito. Lo chiede, a volte, disperatamente. Soprattutto quando non si sente sicuro. Quando pensa di non essere come gli altri. Di non piacere. A questi ragazzi vorrei offrire alcuni consigli semplici: date valore al tempo; acculturatevi; accrescete, attraverso la conoscenza e le esperienze, la consapevolezza di chi siete e cosa volete.

Accettate con ironia anche le prediche dei genitori, ma rifletteteci sopra, cercando di cogliere pure qualche loro buon suggerimento. E non dimenticatevi mai che la rivoluzione su se stessi e sugli altri la si fa con il pensiero, non con l'involucro.

✭ I BUONI PENSIERI

«Il giovane che non ha mai pianto è un selvaggio, e il vecchio che non ride è uno stolto.»

GEORGE SANTAYANA

i giovani che rifiutano l'ostentazione del nudo

Si ha l'impressione che nell'attuale società imperniata sull'apparire la maggioranza dei giovani si uniformi con convinzione a certe immagini veicolate da molti media, dove imperano la volgarità, l'ostentazione, la smania di visibilità a ogni costo e il nudo a gogò.

Per fortuna, ogni tanto mi arrivano invece messaggi preoccupati e perplessi da ragazzi con idee chiare, stile e fascino straordinari già a vent'anni. Costoro non amano gli eccessi di certi loro coetanei e si chiedono, per esempio, se il desiderio di nudità non nasconda, in realtà, fragilità e insicurezze. Personalmente, non trovo sia scandaloso indossare abiti succinti: a volte c'è chi sta pure bene, senza apparire volgare. Purtroppo, però, lo spettacolo offerto ai nostri occhi è fatto, spesso, di lolite in cerca di sguardi morbosi. Di ostentazione del corpo, soprattutto delle parti intime, che rasenta la spudoratezza. C'è da chiedersi, infatti, quale sia il confine tra il nudo totale e certi ibridi insensati. In certi casi, sarebbe meglio il nudo integrale: quello, almeno, potrebbe svelare pudori, acerbità e insolenze inaspettate. La maggior parte dell'abbigliamento, oggigiorno, è invece legato puramente all'esibizione, all'aggressività, al sesso «mordi e fuggi». Sconfinando così, in modo visibile e palese, dal sexy al porno. Tra sensualità ed erotismo c'è una bella differenza! E nessuno, o pochi, si prende la briga di spiegarla, questa differenza. D'altronde, è più facile e commerciale servire il sesso al posto del corpo; vestire l'ego e non la mente; è più facile scoprire un seno che un pensiero. Così, purtroppo, molti stilisti hanno tagliato le ali alle farfalle. Ma qualcuno, anche ventenne, reclama quelle ali.

✯ I BUONI PENSIERI

«Il nudo è diventato banale. Come il profumo quando lasci aperta la boccetta.»

FRANCO FERRAROTTI

l'opinionista

È nato anche il mestiere di opinionista e, spesso, chi lo pratica si esibisce in televisione perché rappresenta il palcoscenico più adatto a consacrare questo tipo di attività. L'opinionista, quasi sempre, ha un'immagine, una gestualità, una personalità decisamente singolari. Chi vuol esser tale, insomma, in un modo o nell'altro si deve distinguere e la maggior parte di queste persone fa di tutto per essere notata. Costi quel che costi. E discute di tutto: dalla preparazione delle marmellate alla critica di Proust; da santa Rita da Cascia a Lucifero. Anch'io, a volte, in tv, vengo presentato come opinionista. Gradirei andarci evitando di portare addosso il peso di questa qualifica, ma tant'è! Accanto a me, sovente, ci sono persone che cercano consensi a ogni costo; che si affannano per dire ciò che pensano senza pensare a quel che dicono o avere un gran che da dire; che vivono di luce riflessa; che amano stare sotto i riflettori perché la loro vita è piena di ombre e zone buie. Da qui, il mio esame di coscienza e la mia domanda: sono anch'io così? Talvolta la risposta è sì. O, meglio, è stata sì. Ecco: davanti alle telecamere,quando mi capita di commiserarmi, compatirmi, detestarmi e confrontarmi con chi mi è accanto e considero stolto, il mio viso e la mia espressione cambiano. Poiché non riesco a trovare, in quel preciso momento, una ragione che mi assolva e mi riporti a una visione positiva di me stesso divento scontroso, distaccato, antipatico. Da poco, però, scelgo. Decido io quando, quanto e, soprattutto, perché stare davanti a una telecamera. Credo sarebbe bene lo facessero tutti. È un esercizio di volontà che smorza le smanie dell'ego, ma accende considerevolmente l'autostima. Ho capito che chi non usa misura, autocritica e rigore nell'esibizione di sé, è destinato a diventare la caricatura di se stesso. Ritengo, in sintesi, che l'opinionista sia la mansione dei pressappochisti. È quel termine inventato affinché i molti nani gareggino nel salto in lungo e i pochi giganti si misurino nella corsa in triciclo.

✯ I BUONI PENSIERI

«La parola in tv è spesso un necrologio del pensiero, una narcosi mentale, un parlare con parole fallite.»

MASSIMO BALDINI

la mancanza di forma è una forma di comunicazione

Sono convinto che gran parte della nostra società abbia rinunciato a un'eccessiva formalità sostituendola con la sciatteria, il disordine, la mancanza di forma e l'ineleganza come una specie di filosofia di vita: la strada opposta, per intenderci. Oggi, insomma, si è *formalmente* trascurati: bella conquista! Il sottoscritto non ha mai pensato che occorra un abito firmato per essere eleganti – quante volte l'ho detto! – né, tantomeno, ha mai considerato che l'eleganza, l'avvenenza e la classe appartengono solo ai ricchi: conosco gente umile e povera che sa incantare con il garbo e un abito modesto. Sono convinto, inoltre, che una persona non è speciale in virtù della sua estrazione sociale bensì grazie a doti come l'impegno, il desiderio di crescere, l'intraprendenza, l'intelligenza, il senso critico. Non finirò mai di ripetere, infatti, che la grazia, il fascino, la piacevolezza di un essere umano dipendono dalla sua testa e da come funziona.

Penso, infine, che la capacità di seduzione è la cornice di un individuo e che l'empatia verso il prossimo è frutto di un attento lavoro su se stessi per conoscersi meglio e, di conseguenza, per conoscere meglio gli altri. Questo ci aiuta a rendere la vita un viaggio significativo e interessante.

Diffido profondamente di chi disprezza l'estetica e critica i canoni che comunemente definiscono ciò che è bello. Non approvo chi pensa che siamo tutti uguali e che l'abito, le maniere, la forma non facciano la differenza. Anch'essi aiutano a distinguere l'uomo dalla bestia. Ma anche nel mondo animale, comunque, esistono dei riferimenti su cui riflettere: il serpente terrorizza; il sorcio disgusta; l'ippopotamo diverte; l'aquila avvince; il cerbiatto intenerisce; il cigno, non a caso, incanta.

✯ I BUONI PENSIERI

«Nella bellezza si guarisce, nel brutto ci si ammala.»

ORNELLA VANONI

il successo senza talento

Ormai sono in molti a pensare che il successo o, meglio, la notorietà, che è ben altra cosa, si ottenga con poco o, addirittura, pochissimo impegno. Conosco, per esempio, un bel po' di persone che dicono di saper cantare e recitare senza accorgersi che l'unica dote che possiedono è quella di sapersi raccontare un mucchio di penose bugie. Oggigiorno, sono tutti attori, cantanti, ballerini, intrattenitori, barzellettieri, comici, artisti. Artisti! Ecco la parola magica. Quella che porta al paradiso delle illusioni. Quella che sempre più spesso si usa offendendo la memoria dei Beethoven, dei Mozart, dei Michelangelo, dei Van Gogh, delle Piaf, delle Callas. Anzi, vi dirò di più: tutti questi nuovi «artisti», pronti a salire sul grande carro del «successo», non sanno neppure cosa rappresenti e chi siano queste vecchie e superate «cariatidi». Un artista, d'altronde, secondo le sciocche convinzioni degli illusi, deve nutrirsi unicamente di emozioni. Perché un «artista» d'oggi dovrebbe essere informato e acculturato? E perché dovrebbe possedere doti come la professionalità, il metodo, la perseveranza, il talento e il carisma quando l'unico dio che venera – l'improvvisazione – non ha niente a che spartire con l'Olimpo dei grandi? Perché, dice chi sostiene questa tesi, la spontaneità è una caratteristica che piace alla gente che guarda la televisione. Confondendo, quindi, l'improvvisazione con la semplicità e il talento con la dabbenaggine. Accidenti, che confusione! E che Paese! Popolato da un mucchio di persone che si dannano l'anima per avere il successo senza possedere un briciolo di autentico talento. Quello utile per diventare qualcuno e che si sposa sempre con la saggezza, la razionalità e il buon senso. Quel buon senso che serve a ignorare la smania di consensi, perché da lì è facile diventare corruttibili e vulnerabili.

✯ I BUONI PENSIERI

«La notorietà dev'essere l'effetto dei tuoi meriti e delle tue capacità, non un obiettivo.»

ANNAMARIA BERNARDINI DE PACE

gli atteggiamenti dei superficiali

Questo nostro Paese, a differenza di molti altri, attribuisce un valore eccessivo alla bellezza e all'apparire. Non che questo non sia importante, per carità, ma basare un'intera vita sull'aspetto esteriore e sull'affannosa rincorsa ai consensi, mi pare davvero esagerato e fuori luogo. Mi impressionano, per esempio, le gare di molte mamme per firmare da capo a piedi i propri pargoletti e anche loro stesse, con l'idea di darsi così una precisa identità, di diventare «uniche». Queste donne usano gli abiti per essere identificate e far sì che i figli vengano «rispettati». Non si accorgono che, quasi sempre, l'esasperazione della firma è una marchiatura che i più acuti e intelligenti evitano, perché denota l'esatto opposto del loro scopo, ossia la scarsa personalità, lo spirito di omologazione e la mancanza di uno stile proprio. Non che la firma sia da bandire, sia ben chiaro, ma quando diventa un semplice specchietto per le allodole o un richiamo per gli allocchi, allora bisogna porsi qualche domanda e usare il buon senso. Anche le carezze, il sorriso e la disponibilità hanno un significato profondo che mi piacerebbe fosse rivalutato, riscoperto, insegnato ai bambini, perché ne conoscano il valore e il peso all'interno delle relazioni umane. Invece, ci si accorge di quanta finta «simpatia» venga sfoggiata, spesso solo per entrare nelle grazie di chi «conta». Si perde tempo a genufletterci davanti all'uomo, piuttosto che a Dio. Molti vivono in una sorta di «beata incoscienza», confondendo persino il consenso degli altri con la felicità. E quando senti queste persone raccontare esperienze e vicende personali, ti fanno pure credere di essere serene. In realtà, io penso siano perennemente tormentate perché la serenità per loro equivale agli agi e al benessere materiale. Che fanno di tutto per ottenere. Con avidità e maneggi, se necessario. Non sanno che questo sfrenato desiderio di apparire, contare, essere «qualcuno» porta lontano dalla serenità.

✯ I BUONI PENSIERI

«Ci si sbaglierà raramente attribuendo le azioni estreme alla vanità, quelle mediocri all'abitudine e quelle meschine alla paura.»

FRIEDRICH NIETZSCHE

il cellulare fa bene all'amore?

Per colpa del cellulare molti innamorati vivono spesso delle situazioni imbarazzanti. So di storie finite a causa del telefonino; di litigi furibondi per la chiamata di un'«amica» o un «amico»; di tensioni snervanti per via di un sms che non arriva quando l'innamorato prevede o pretende. Personalmente, sono arrivato a una conclusione: se non prevalgono il buon senso, il buon gusto e l'autocontrollo il cellulare, per quanto utile, diventa uno strumento di tortura. C'è chi dice che vada usato con intelligenza e con ironia! Non sono d'accordo. Tutto dipende dalle esigenze che ognuno di noi può avere; dalle circostanze; dalla sensibilità di chi fa o attende una telefonata; dal grado di innamoramento, trattandosi di colloqui tra innamorati; dalla misura in cui si è gelosi e curiosi; dall'autocontrollo di chi riceve una telefonata o un messaggio; dal significato stesso, spesso oscuro, di questi benedetti o maledetti messaggi. Cosa significa, per esempio: «Dove sono, sto benissimo. Peccato tu non ci sia»? Significa che ti manco? O significa che stai bene anche se io non ci sono? E se ti manco, perché non scrivermelo? E se ti manco, perché mi dici che stai benissimo? E perché rispondi solo ora al messaggio che io ti ho inviato stamattina? Sì, sì, credetemi: una vera tortura. Per chi ama e per chi è amato. Per chi lavora, e usa il telefonino a tale scopo, la tortura diventa più sopportabile perché oggi, mi pare di capire, qualsiasi lavoro comporta un grado di sopportazione che ci rende, a volte, eroici. Si dice: serve, il telefonino. Serve per comunicare. Ma non è che, dilatando questo modo di comunicare, stiamo precipitando nel caos di una nuova Babele? Dimenticandoci che il silenzio rimane l'unico, vero antidoto alla paura di conoscerlo? E che il mistero, non solo in amore, alla faccia delle mode, è legato anche al non detto, al silenzio?

✯ I BUONI PENSIERI

«La mediocrità è oggi la più sentita aspirazione.»

MASSIMO MILA

gli effetti di un matrimonio fallito

Nessuno, a qualunque età, dovrebbe rimanere insieme a un altro tanto per farlo: è una questione di fierezza, di orgoglio, che non dipende dagli anni. Qualche tempo fa, sono stato invitato a una di quelle serate, come dire?, di rappresentanza. Sì, ecco: rappresentanza. Mondana, ovviamente. Con quella patina di provincialismo tipica proprio di certe serate mondane. Indipendentemente dal luogo, dalla città, dall'ambiente e dalla classe sociale degli invitati! Invitati o condannati? Fate voi. La mia risposta ce l'ho. Chiara, inequivocabile e, forse, prevedibile. Quindi, dicevo, ero presente ai convenevoli di un gruppo di persone cosiddette perbene che, purtroppo, nonostante l'affettazione, gli abiti e le pettinature non potevano nascondere il senso di piattezza e vacuità che esprimevano. La loro smagliante «facciata» non ingannava infatti chi possedesse un po' di spirito critico, un filo di sensibilità e un pizzico di intelligenza. E, nello sguardo di parecchi, si leggeva pure la condizione di «prigionia». Ho notato che soprattutto le donne, con risate e discorsi allusivi, registravano il fallimento dei loro matrimoni. Qualcuna, ahimè!, esprimeva persino, con un comportamento inequivocabile, quello esistenziale. I maschi, invece, a parte qualche occhiata da furetto dei più furbi, trasmettevano quella certezza che spesso si coglie negli occhi di tanti mariti, ovvero il senso del possesso «storico» della moglie. Come quando si dispone di un terreno sul quale esiste un vincolo di non edificabilità. Direte: sono cose risapute. Vero, purtroppo! Ma che rapporti sono mai questi? Non è meglio discutere, parlare, magari litigare e, se necessario, lasciarsi? Per evitare di spegnersi dentro. Di tirare avanti, con noia, solo per abitudine o per paura della solitudine. Eppure, per capire che un'unione è finita ci vuole poco: basta ascoltare il rumore delle posate quando si è a tavola. Un rumore fragoroso nel silenzio assordante di due persone che non hanno più nulla da dirsi.

✯ I BUONI PENSIERI

«Spesso la noia di una donna porta il nome dell'uomo con cui vive.»

ANDRÉ SUARÈS

star soli per ritrovarsi

Stare un po' da soli, ogni giorno, senza esagerare, secondo me ci arricchisce interiormente assai più che frequentare qualunque salotto, purché non diventi una posa o, peggio ancora, un pretesto per rifiutare il confronto con il mondo esterno. Da giovane facevo in modo, a qualsiasi ora del giorno, che intorno a me ci fosse sempre gente. E tanta. Volevo il confronto continuo con i miei simili e non capivo che, in realtà, tutto quel viavai serviva solo a confondermi e frastornarmi. Ma sono il tempo, i meccanismi della vita e l'imprevedibilità degli eventi che cambiano il corso del nostro destino.

A volte, quando mi guardo indietro, mi pare che i miei pensieri si riferiscano a un altro uomo. A uno che non conosco. Sono talmente cambiato che mi capita persino di condire i ricordi del mio passato con qualche scrollata di testa. Compatendomi, il più delle volte. Non sono un granché neppure adesso ma so bene, ora, quanto sia importante cercare dentro se stessi ciò che si è. E perché si è. Recentemente, la vita mi ha dato una batosta forte, dolorosa. Non l'ho superata frequentando i miei simili. Anzi, attraverso la loro presenza e i loro discorsi i miei pensieri diventavano ancora più confusi. Nemmeno i più saggi e i più intelligenti mi sono stati d'aiuto. In realtà, la mia ancora di salvezza è stato l'isolamento. Diciannove giorni da solo, con me stesso sempre vigile, hanno rappresentato una grande scuola per la mia coscienza e mi hanno dato una vaga indicazione di chi sono. Ultimamente, amo viaggiare da solo, anche con la fantasia. Ma non sono più solo. Ho trovato in me stesso un compagno ideale che comincio ad amare. Analizzando la mia esistenza, in solitudine, mi sono in parte trovato. Adesso vorrei trovare il mio prossimo. Ma non so da che parte andare.

✯ I BUONI PENSIERI

«Per vivere bene bisogna avere una buona digestione e una cattiva memoria.»

MARCELLO MARCHESI

gli esempi che abbiamo avuto

Quando devo trovare riparo dalle fredde piogge della vita, come sovente accade, penso all'esempio dei miei genitori. A tutto quello che mi hanno insegnato. A mamma devo molto: l'inventiva, lo spirito avventuroso, l'intuito, la caparbietà, la grinta. Anche ai suoi ceffoni, devo qualcosa. Sicuramente. Amo mia madre come solo un figlio unico che ha avuto un'infanzia difficile può fare. Amerei assaporare di nuovo i suoi piatti della tradizione veneta. Amerei parlarle, ancora oggi, stringendo le sue belle mani segnate ma eleganti, un tempo paonazze per colpa dei lavori pesanti. Vorrei che i suoi amici non fossero stati i farmaci, ma solo tanti folletti burloni. Vorrei che mi avesse accarezzato fino a farmi sentire protetto e forte, affinché anche lei si fosse sentita protetta e forte. E che dire di mio padre? Della sua figura e del grande affetto che continuo a provare per lui? Penso sempre alla sua onestà, alla sua pulizia e rigore morale, alla sua trasparenza. Avrei voluto fargli visitare l'Africa, un Paese che lui amava tanto. Ma non è stato possibile. Il tempo è implacabile. E lascia il segno. Ancora oggi, però, amo entrambi più di ogni cosa al mondo. Mi aiutano a non temere il futuro, né le sue incognite, né la cattiveria di certi uomini. So che saranno insieme ad attendermi, in quel viaggio che dovrò fare, la cui meta non viene stabilita da noi. Quel posto in cui stare sereni, in libertà e in pace. Dove l'augurio di chi è partito e arrivato bene ci accompagna. Nell'immenso. Tutti parte di una grande, meravigliosa famiglia. Da laggiù, o lassù, amo pensare e sperare che coloro che ci attendono nel silenzio placido e profondo potranno udire, in lontananza, le stridule trombe della nostra pochezza terrena. E, nell'attesa del grande incontro, condurci verso la direzione giusta. Per ora vivo qui. Faticando. Lottando. Morendo, a volte. Sempre attento a riacciuffare la vita. Desideroso di rinascere prima dell'eternità. Pronto a imparare il mestiere del vivere attraverso i «grandi». Anche se i «grandi», in realtà, evitano di mostrarsi troppo in un mondo in cui i cialtroni si sentono gli ingegneri di Dio.

✭ I BUONI PENSIERI

«Il lavoro della memoria dà soprassalti al cuore.»

SOPHIA LOREN

il significato della vita

Si vive per se stessi o per gli altri? In passato me lo sono chiesto spesso, ma ora ho una risposta che mi convince: né per se stessi, né per gli altri ma, più semplicemente, perché esiste l'istinto di sopravvivenza. A mio avviso, infatti, la vita non è proprio, come qualcuno sostiene, un'esperienza meravigliosa. Forse, mi condizionano le vicende vissute e quelle di molti che ho conosciuto. Sta di fatto, comunque, che se non provvediamo a imprimergli una buona regia, l'esistenza non è un granché. Diventa davvero interessante quando la riempiamo di volontà, spirito di iniziativa, ironia, fatalismo, consapevolezza, coraggio, perseveranza e tanto senso di sopportazione. Sono contenuti difficili da coniugare tutti assieme, ma solo così un percorso di vita può trasformarsi in un'avventura rara e meravigliosa. Chi pensa che possa essere solo fatto di danze, vino e canzoni è uno sprovveduto che, presto o tardi, pagherà la sua dabbenaggine. A volte mi accorgo che la gente parla della vita, propria o degli altri, come parlerebbe di un'eterna vacanza e si stupisce, poi, di quanto possa essere imprevedibile, dolorosa, costellata di prove dure e faticose. Conosco persone che si sono impegnate a fondo per rendere speciale la propria esistenza. Riuscendoci. Con che cosa? Con la curiosità;

con il desiderio di conoscenza; con l'impegno costante e continuo. Otto ore per lavorare, otto per imparare e otto per riposare, stava scritto, un tempo, all'ingresso di alcune miniere in Boemia. Quanti, oggi, usano del tempo per imparare, aggiungendo così un senso alle loro giornate? Solo imparando, anche attraverso il dolore, la nostra esistenza assume un significato. Perché, in fin dei conti, a pensarci bene, la vita è un viaggio lungo e difficoltoso per una breve vacanza.

✯ I BUONI PENSIERI

«Se vivrete abbastanza a lungo, vedrete che ogni vittoria si risolve in una sconfitta.»

SIMONE DE BEAUVOIR

il peso del dolore

Accade a tutti di non vedere dentro al buio pesto. E tutti, di ogni ceto sociale, di ogni razza e di ogni sesso, ne provano disagio, talvolta paura. I più sensibili, certo, soffrono maggiormente: gli stupidi, in effetti, la sofferenza dell'anima non sanno nemmeno che esiste. E penso che persino riguardo al dolore fisico gli idioti e gli egoisti soffrano in modo diverso rispetto alle persone intelligenti, sensibili e generose. Tuttavia, dobbiamo renderci conto che i nostri mali sono relativi. Relativi, per esempio, rispetto alla sofferenza di una ragazza di Messina che un giorno ho incontrato, all'Humanitas di Milano, un grande ospedale dove io ho cercato di risolvere un mio banale problema fisico. Lei non è stata abbandonata dal marito o dal fidanzato. No: lei, poco più che ventenne, è stata abbandonata da quella che tutti noi amiamo, veneriamo e dalla quale non ci vorremmo mai separare: la salute. Non conoscevo la ragazza, ma il suo sguardo triste, il suo pallore, l'assenza delle sopracciglia e dei capelli, la sua espressione smarrita mi hanno spinto a farle un saluto e una carezza. È scesa una lacrima, in quella circostanza: prima a lei e poi, dopo che l'ho salutata, a me. Il dolore, la sofferenza di quella ragazza sono ben più grandi di molti nostri piccoli malesseri: non bisogna mai dimenticare che c'è sempre chi patisce più di noi. Sia ben chiaro, non intendo affatto minimizzare, per esempio, gli effetti devastanti di una depressione o di certi disturbi cronici né, tanto meno, catalogare il dolore secondo una classifica. Ci mancherebbe! Né voglio affermare o sottolineare che il dolore va «coltivato»: il masochismo ha solo effetti nocivi sulla psiche e sul corpo. Il dolore, casomai, va sopportato, affrontato, analizzato, combattuto finché si può. Del dolore è necessario salvare il sapore, non il fetore. Solo in questo caso può aiutarci a diventare più forti, coraggiosi, meno vulnerabili e, magari, permetterci di incontrare, sul suo accidentato cammino, la spiritualità e qualche verità illuminante. L'importante è non isolarsi. La sofferenza, infatti, può essere insidiosa: talvolta ci conduce a capire qualcosa in più di noi stessi, ci indica certe soluzioni, ma – più spesso – ci porta alla solitudine.

✯ I BUONI PENSIERI

«Il dolore nasce dall'incapacità di morire presto.»

ROSALINDA CELENTANO

per sentirsi vivi

Non ritengo di avere la forza e la capacità di aiutare i miei simili, ma almeno posso dire che – con gli anni – sono diventato più coraggioso, consapevole e ho maggior forza di volontà. Da qualche tempo mi soffermo a riflettere sulla mia esistenza, su ciò che ho fatto, su ciò che sono e che mi è accaduto, e m'interrogo sulla mia sorte. Rimango spesso da solo, a misurare le mie poche certezze. A volte mi chiedo da cosa dipenda la forza d'animo che sento di avere. Com'è possibile che sia ancora carico di energia, di allegria, di curiosità nei confronti del mondo e del creato?

La risposta, se può servire a qualcuno, è questa: sono stato colpito a morte più volte.

Il mio prossimo mi ha ferito mortalmente e poi mi ha sotterrato. In ogni tempo della mia vita. Sono morto da bambino, a causa dell'ignoranza e della grettezza di giovani e adulti; sono perito quand'ero adolescente, per colpa della meschinità e insensibilità di tanti; sono stato massacrato da adulto, con le armi più o meno invisibili di chi colpisce gli altri per dare una giustificazione ai propri fallimenti. Per dieci volte sono stato sotterrato.

Sì: coperto di terra. E per dieci volte, vivaddio!, l'ho grattata, questa terra, con le mani indolenzite, le unghie lacerate, i polpastrelli sanguinanti e il cuore angosciato. L'ho fatto per trovare l'aria. Il cielo. La vita. Altre sfide. Altro coraggio. Altra fierezza. Altra volontà. Adesso sto finalmente bene. Ho capito, così, che uno dei pochi vantaggi del mio provvisorio esistere consiste nell'essere morto più volte. Ora so che è necessario morire da giovani per stare bene da vecchi. Mi rendo conto che perire da vivi aiuta a sentirsi orgogliosi, coraggiosi e forti. A volte, persino invincibili e immortali.

✯ I BUONI PENSIERI

«Sono più quelli che muoiono nella fuga che non quelli che muoiono combattendo.»

SELMA LAGERLÖF

i lavori seri sono un'altra cosa...

Che torto hanno certi genitori quando pensano che il mondo dello spettacolo sia un Paese di Bengodi dove le loro figlie troveranno felicità e abbondanza! D'altra parte, non è forse ciò che gran parte dei media ci fa credere? Questi genitori commettono un grave errore, ma non mi sento di caricarli di colpe. Anziché rimproverargli tanta superficialità, forse bisognerebbe fargli ricordare i nomi e i visi di tante belle, sensuali, ammiccanti ragazzette la cui apparizione è sembrata più un lampo fuggevole che un'occasione per mostrare il loro talento. E non parlo, si badi bene, di esuberanti sgallettate pronte a tutto e facili a certi tipi di rapporto. No: mi riferisco a quelle ragazze dalle forme mozzafiato, dal sorriso brillante e lo sguardo provocante che in anni passati sembravano le nuove Loren, le nuove Mangano, le nuove Bardot, le nuove Hayworth. Dove sono finite? Chi lo sa? Ogni tanto ne incontro una a braccetto con qualche politicuccio o industrialotto. Quel genere, per capirci, che paragona la cilindrata della sua lussuosa auto al volume del seno dell'ultima «conquista». Altre, molte altre, di notte sono sole. Abbracciate, occasionalmente, a un mascalzone o a un cuscino la cui federa, spesso, è umida di lacrime salate o di saliva impastata ad antidepressivi o sostanze stupefacenti.

Sarebbe proprio un bene riflettere tutti sulla pochezza di certe professioni. Sull'inconsistenza di certi miraggi e di certe ambizioni. Sarebbe necessario, credo, chiedersi, per esempio, se fare la letterina sia una professione e, se lo è, individuare in cosa consista, questa professione. Sarebbe anche opportuno ricordare che qualsiasi letterina prima o poi viene spedita.

✭ I BUONI PENSIERI

«La vera arte scenica è sostituita dal silicone.»

FABRIZIO COSTA

il rancore fa male

Di conti da saldare ne abbiamo tutti. Con più di una persona.

Ne abbiamo con coloro che non hanno volto: fantasmi che ci danneggiano al riparo della loro vigliaccheria; con soggetti precisi, ma altrettanto vigliacchi perché hanno due volti; infine, con persone identificabilissime, che non hanno mai nascosto di volerci male. Per questi ultimi serbo, in fondo, una certa stima. Perché so che almeno sono sinceri. A tutti, comunque, ho deciso di non fargliela pagare. L'esperienza mi ha infatti insegnato che è meglio aspettare e stare a guardare, perché prima o poi è la vita stessa a presentare il conto a queste persone di dubbia o scarsa moralità e di infimo spessore. E lo fa con efficiente puntualità. Alle uscite secondarie dove sgusciano, d'abitudine, vigliacchi, egoisti, calabrache e cialtroni. Ha mille mani, la vita, per acciuffare fiori e farne giacigli, o letame per farne cloache. Ha mille tette, la vita, per dare latte a chi sa attendere d'essere allattato, o soffocare chi si nutre unicamente del proprio ego. A volte, se non si sa perdonare, è meglio non farlo. Ogni Dio che conosco in fin dei conti chiede, soprattutto, di non restituire il male. Di non essere vendicativi. Perché la vendetta è, purtroppo, la peggior medicina per far passare i dolori dell'anima. È molto più salutare, invece, riflettere sulla fugacità della vita; rincuorarsi ammirando un tramonto o un bel cielo terso che ti fa alzare il volto dalla contemplazione delle miserie del mondo; sorridere a un vecchio che ti guarda, rassegnato e sereno nonostante i solchi sul viso e quelli, invisibili ma profondi, dell'anima. Io sono convinto che sia l'unico modo per capire che il rancore e la voglia di vendetta alla lunga ci «spengono» dentro.

★ I BUONI PENSIERI

«Occhio per occhio e il mondo finirà cieco.»

MAHATMA GANDHI

per favore, abbassate la cresta... e la voce!

La nostra è un'epoca in cui, purtroppo, pare che in quella battaglia – spesso dura – che è la vita vinca sempre chi usa l'arroganza, l'aggressività e la violenza. Pare, però! In realtà, facendo un'analisi attenta e scrupolosa, se ne ricava che queste vittorie valgono poco. Sono soltanto urla nel silenzio. Quel silenzio tetro che sta intorno a chi sente solo la propria voce. A chi sa premiare unicamente il proprio io. A chi ignora cosa sia il confronto con i saggi e gli umili. A chi non si rende conto della precarietà della vita. In apparenza, la nostra società premia questo genere di persone, ma si tratta di ricompense effimere, che con il tempo diventano tristi, ingombranti trofei, del tutto inutili per coloro che li hanno ricevuti. A chi mi riferisco? Beh, a quelli che, senza nessun merito, trovano consensi e appoggi. A chi vive solo di ciance, di pressappochismo e sa solo lodarsi e complimentarsi guardando allo specchio la propria immagine. A chi fa della vanità una stucchevole servetta disposta a tutto pur di compiacere il proprio padrone. Mentre scrivo, mi rendo conto di come sia difficile il cammino inverso e sa Iddio quanto spesso mi sono trovato, e mi trovo, nella condizione di subire le stesse lusinghe, e di inciampare nelle stesse trappole. E l'Onnipotente sa anche quante volte sono caduto e quante ancora, ahimè, cadrò.

È per questo che cerco di non considerarmi troppo. È per questo che, di fronte a persone di grande valore e levatura, mi sento un piccolissimo uomo fuori posto. Ma c'è anche da dire che, sovente, paragonandomi alle tante formichine cultrici dell'ego, che creano freneticamente i fragili formicai dei bla-bla, mi sento un gigante. E ne provo orgoglio e fierezza. L'esperienza mi ha insegnato che chi urla lo fa perché è fragile; chi aggredisce, insicuro; chi calpesta gli spazi altrui, scontento. E ho notato che il destino, con questi individui, è sempre implacabile nell'esigere, prima o poi, che gli si paghi il suo salatissimo conto. E allora sì che son dolori. Comunque, per consolarsi, è bene ricordare che è molto meglio fare qualcosa di clamoroso in silenzio che scegliere il clamore per finire poi nel silenzio.

✯ I BUONI PENSIERI

«Il tempo è una categoria dello spirito con cui è difficile patteggiare.»

MAURIZIO PORRO

cosa ci riserva la vecchiaia?

Non ho una grande opinione della vita ma ho, come ho detto più volte, un'alta e rispettosa considerazione della morte: il passaggio a una dimensione che, nella mia piccola testa, immagino come vera vita. Non per questo sono un tipo tetro, tutt'altro: credo anzi di essere ottimista e allegro. Detesto i mugugni, gli atteggiamenti catastrofisti e il pessimismo cronico, anche se intuisco che non serve essere musicisti per capire quale tipo di musica caratterizzi l'attuale colonna sonora del mondo. Convivo con una contraddizione: ho bisogno della gente – di certa gente – tanto quanto del silenzio. Infine, cerco tenacemente di nutrire il mio spirito ma, contemporaneamente, anche di soddisfare i bisogni della carne e le richieste dei sensi, cui mi sforzo di regalare momenti gioiosi, speciali e ineguagliabili. Sono, insomma, un tipo solare che, insieme, ha un lato crepuscolare. Vivo, quindi, di conflitti. E di lotte.

Lo spirito combattivo che mi contraddistingue lo porto con me sin dalla nascita perché i miei genitori non hanno mai conosciuto privilegi e mi hanno trasmesso due valori che cerco maniacalmente di praticare: l'efficienza e l'onestà. Tutto questo mi spinge verso situazioni di conflittualità, com'è ovvio: non sempre la mia caparbia diligenza mi permette di confrontarmi con i puri, incrollabili ideali di mio padre. In certi momenti mi sento afflitto e malinconico. Ma non perché uno specchio impietoso mi ha mostrato che sto invecchiando. No! È che di fronte all'incognita della vecchiaia mi sento un po' impaurito: mi ha già spedito la cartolina di convocazione, ma in fondo non la conosco completamente e non so cosa potrà capitarmi. Ci arriverò impegnandomi ad affinare le armi migliori di cui dispongo, è ovvio. Ma il destino, cosa mi riserverà? Sarà clemente? Mi permetterà di dormire abbracciato ai miei cuscini preferiti, l'orgoglio e la fierezza, fino al momento della dipartita? O me li toglierà, privandomi anche del mio bene più prezioso, la dignità? Ecco perché tendo sempre più a considerare questa vita come un viaggio di trasferta, mettendo pure in conto di perdere, un domani, le coordinate della rotta. Ma consolandomi al pensiero che Qualcuno mi ricondurrà comunque a casa. Io, serenamente, aspetto quel momento.

✯ I BUONI PENSIERI

«La vita è un ponte: passalo pure ma non costruirci sopra.»

BUDDHA

il bagaglio dell'esperienza

Quando ci si rende conto che il tempo passa inesorabilmente, la cosa migliore è farsene una ragione, senza tuttavia esagerare con la rassegnazione. La gioventù è per tutti il periodo delle sfide, delle estati infinite, delle canzoni e delle feste, del sesso e delle emozioni, degli amori e dei sogni, dell'allegria e dell'incoscienza. È, indubbiamente, una specie di «età dell'oro». Ma il resto non è affatto da buttare. Dopo i cinquant'anni, ci si accorge di apprezzare più a fondo i tanti piaceri che la vita può offrirci, i viaggi, un concerto o un film interessante. La maturità regala una più spiccata consapevolezza, finezza di pensiero, capacità di selezionare gli amici, voglia di maggior schiettezza, lucidità nell'interpretare le lezioni della vita e nell'individuare percorsi mai intrapresi prima. Certo, col passare degli anni aumentano gli acciacchi e diminuisce l'ottimismo; alcune giornate pesano; si è meno tolleranti verso le piccole noie quotidiane e si sopporta a malapena tutto ciò che può frastornarci.

In più, lo specchio ci rimanda immagini di noi stessi poco allettanti o, addirittura, sconsolanti. Per quanto mi riguarda, tuttavia, rispetto a ciò che mi sono lasciato alle spalle, non ho dubbi: il presente mi piace. Ho scoperto sul serio la fede, ho arricchito la mia anima, acceso le candele della luccicanza, imparato cos'è il vero amore. Ritengo un regalo ciò che prima davo quasi per scontato: lenzuola bianche, arance profumate, ammirare la stella polare dal mio terrazzo, sentire il vento che fa stormire le fronde degli alberi, un paio di scarpe comode, lo sguardo gioioso di un amico, delle carezze inaspettate, la scoperta di fierezze insospettabili.

Penso, solo ora!, che un albero verde non fa intravedere cosa c'è al di là mentre lo stesso albero, nella cosiddetta «stagione morta», attraverso i suoi rami secchi lascia ampio spazio alla vista. Di chi sa vedere, s'intende!

✯ I BUONI PENSIERI

«La giovinezza è quel periodo della vita che più velocemente è destinato a diventare storia.»

MARIO DE LUIGI

ci sono eventi che ci aiutano a maturare

A vent'anni mi sentivo eterno, non pensavo a quanto è precaria la vita e, alla fine, ero un ragazzotto imbecille e curioso per tutto ciò che brillava. Anche l'oro matto. Ero smanioso di consensi, adoravo la mondanità e quel che ci gravitava attorno, mettevo al primo posto la conquista di tutto ciò che era effimero. Così, sciocco e superficiale, ho vissuto per molti anni.

Cosa e chi può avermi cambiato? Mah!, forse, la perdita di mio padre. Lui rappresentava ciò che io non sono mai stato, né mai saprò essere: l'uomo che chiedeva al silenzio ogni risposta legata al buon vivere e, stupefacente!, ne riceveva risposte. Quando quel galantuomo se ne è andato, in sordina, da persona discreta qual era, indiscutibilmente qualcosa è scattato dentro di me. Come d'incanto, infatti, la mondanità, la febbre di consensi, la giostra del presenzialismo non sono più appartenute al mio modo di essere. In seguito, ho cercato di vivere in maniera diversa, senza, purtroppo, eguagliare quel vecchio sereno che sapeva dialogare con le sue montagne.

Io, accidenti!, non gli somiglio: sono un tipo viscerale, passionale, tutt'altro che saggio. Sono convinto, però, di aver ricevuto da lui quel dono che ogni essere umano, al momento del trapasso, fa a chi gli è più caro: ossia la chiave per aprire la porta della sua esistenza e perciò conoscersi più a fondo. Io, in effetti, ho sempre somigliato a mamma: donna vulcanica, curiosa, intraprendente, a volte scomoda per via della sua sincerità e di una personalità magnetica e ingombrante. Ora che pure lei mi ha lasciato, solo, ma pieno di passione, ho ricevuto anche il suo dono. Non so ancora qual è, a dire il vero. Ma lo saprò presto. Lo sento. Per intanto, vivo questa vita come posso, a volte barcollante e a volte dritto e fiero. Tante volte perdente e, in qualche rara occasione, vincente. Pronto a farmi sempre un esame di coscienza per analizzare i miei limiti, le mie manchevolezze, e a tentare bilanci allo scopo di migliorarmi. Sono sempre meno disposto ad assolvermi. A volte questo nostro mondo mi lascia smarrito, sbigottito per come maltrattiamo e snaturiamo le nostre vite. I nostri percorsi. Le nostre invisibili tracce. Per arrivare a quel cielo che ignoriamo, sporchiamo e devastiamo. Vivo cercando il confronto, quando riesco, con i giusti, che sono ormai sempre più rari. Amando, quando mi capita, i generosi d'animo. Apprezzo l'eredità morale e spirituale che i miei vecchi mi hanno lasciato. Vivo occupandomi, finalmente, della mia parte immortale.

✭ I BUONI PENSIERI

«Come azzerare i conti con la vita se tutto ciò che abbiamo è costato qualcosa a qualcuno che amiamo?»

Caterina Zauli Pisa

le persone affascinanti

A mio avviso, è affascinante chi riesce a stabilire un buon rapporto con se stesso. E si piace, nonostante i difetti che, purtroppo o per fortuna, tutti hanno; anzi, non si preoccupa di nasconderli, perché ha imparato a conoscersi e volersi bene. È interessante chi sa usare intelligenza e furbizia, unita a un pizzico di ironia, e si muove con sicurezza in mezzo a tutti gli altri, non affascinanti, impegnati nella disperata impresa di diventare qualcun altro, di imitarlo o di aderire al modello di perfezione che si sono costruiti. È vincente, carismatica e interessante la persona che è in pace con se stessa, che dà un giusto valore alla vita, che non sottovaluta o sopravvaluta la società in cui vive.

Chi, per intenderci, non cerca consensi a ogni costo. Colui che ti colpisce subito e ti rimane impresso in mente perché ha un'aura speciale che luccica di bellezza e qualità interiori. In altre parole, il fascino è una qualità innata. Si è affascinanti a prescindere, ma la vita, se la si sa vivere, diventa il palcoscenico migliore su cui esercitare questa dote e affinarla ulteriormente.

Non è necessario essere belli, brillanti o di successo. Il fascino è qualcosa di diverso che non si può catturare, afferrare o copiare.

Il fascino è la capacità di essere se stessi. E nessuno può essere se stesso cercando di imitare qualcun altro. Non contano l'età e neppure il livello sociale. Ricordo che un giorno, a Cuba, ho visto una donna il cui fascino mi rimarrà per sempre impresso. Serviva ai tavoli di un bar e aveva le calze rotte. A casa, se di casa si può parlare, possedeva, forse, qualche chilo di cipolle e poco altro. Ma con sé portava un che di inspiegabile che la rendeva attraente e indimenticabile. Il fascino, grazie al cielo, non si compra in banca, né in certi salotti, dove spesso ci sono tanti ospiti illustri che fanno credere di conoscere il padrone di casa perennemente assente: il fascino, appunto!

✯ I BUONI PENSIERI

«Le qualità di apertura, fiducia, curiosità, tenerezza, impazienza, entusiasmo e altre indefinibili vengono dal bambino che c'è in noi e sono fonte di fascino.»

ANAÏS NIN

una questione di prospettiva

Sarò banale, ma ciascuno di noi vede le stesse cose in mille modi differenti. E mi dispiace, sinceramente, per chi tiene sempre gli occhiali scuri e ha di tutto una visione cupa, pessimistica, negativa: un comportamento che porta solo negatività e sfiducia in se stessi e verso il prossimo. C'è chi nel guardare cerca un posticino, uno spiraglio dove collocarsi, ma lo cerca spesso nei luoghi più affollati, rumorosi e opprimenti. Io lo cerco invece nell'infinità del cielo o in angoli del pianeta dove, vivaddio!, la natura è ancora padrona con le sue leggi, i suoi ritmi, e anche la sua forza violenta. Ricordo che tanti anni fa, durante una vacanza in Africa, sotto una pioggia calda, una moltitudine di donne e uomini in vesti variopinte camminava scalza ai lati della strada, in entrambe le direzioni. Incurante dell'acqua. Con il viso rivolto verso il cielo. Come se quel diluvio rappresentasse per loro una sorta di purificazione, un dono degli dei. Ammiravo, in silenzio, la loro eleganza, il loro portamento fiero e regale. Accanto a me, una donna lombarda, di quella zona della Lombardia dove per molti la parola coscienza si coniuga con opulenza, spezzò il silenzio incantato per commiserare quei «poveri disgraziati, senza arte né parte, con i piedi scalzi pieni di calli»! Ecco: ognuno di noi ha una sua particolare visione della realtà. E ognuno di noi ha, purtroppo, tante colpe da farsi perdonare e ha subito tanti torti. Io, per esempio, non perdonerò mai agli uomini, tanto meno a me stesso, di avermi tolto, a causa del disprezzo e dell'incuria per l'ambiente in cui viviamo, il manto di stelle che, da giovane, vedevo brillare in cielo. Forse perché mio padre amava raccontarmi che quelle erano le anime dei giusti e quando cadevano le stelle, nelle limpide notti d'agosto, mi spiegava che scendevano sulla Terra per prendersi lo spirito degli onesti e portarlo con loro. Mi diceva che dopo il viaggio della luce – come lui chiamava la morte – andava lassù, questo spirito, a brillare per noi. Per noi, pronti a spegnere, senza remore né scrupoli, persino le anime dei giusti.

✯ I BUONI PENSIERI

«Un'ombra si perde per troppa luce... o per troppa oscurità.»

MONI OVADIA

l'eleganza d'animo

Sono sempre più convinto che la smaniosa ricerca di consensi porti le persone a occultare il loro vero volto. E, purtroppo, non abbiamo tanti esempi che ci dimostrino il contrario. Ad accentuare questa propensione ci ha pensato certa tv. Non tutta, fortunatamente. Ma quasi. Il piccolo schermo è quell'insidioso «maestro» che ci ritroviamo in casa e che, spesso, ci impone delle pessime abitudini. Ma, allargando il discorso, che dire del mondo politico, diventato ormai una specie di scannatoio generale? Dove gli insulti, la meschinità e la grettezza vengono, molto spesso, celati dietro la facciata di un aspetto impeccabile. A dimostrazione che non è l'abito a rendere elegante l'uomo: è lo spirito, il pensiero. Quel pensiero che, se appartiene a un animo sensibile e nobile, si traduce in un comportamento elegante. A me non piacciono quei politici e quei personaggi televisivi melensi, retorici e scontati. Questo no. Preferisco quelle persone stimolanti, che amano i confronti, che dicono apertamente la loro opinione, la loro verità, che esprimono il proprio carattere e la propria personalità. Il che non coincide con l'arroganza, l'insolenza, la saccenza, la supponenza, il senso di superiorità e la mania di autocelebrazione. Abbiamo perso in molti, in troppi, la bella abitudine di sottolineare che il nostro parere è solo nostro, quando lo esterniamo. E che vale per quello che è. Per il sottoscritto, l'eleganza non è affatto una qualità superata, anche se oggi appare sempre più rara. Ho capito, e ne sono certo, che l'eleganza non è parente del potere né, tantomeno, della ricchezza. È inelegante chi si mette un certo vestito o si comporta in un certo modo solo per sottolineare il proprio status, ignorando che il vero lusso, la vera ricchezza consistono, assai più semplicemente, nel poter dire ciò che si pensa e nell'essere se stessi. Magari con un bel sorriso.

★ I BUONI PENSIERI

«Il sapere e la ragione parlano, l'ignoranza e il torto urlano.»

ARTURO GRAF

rispettiamo gli uomini, ma anche la natura

Si dice, lo dicono in tanti, che prima o poi arriverà una nuova era di pace, di maggiore serenità, di recupero dei valori fondamentali della convivenza civile, di un più profondo rispetto per l'ambiente e la natura. Io non ne sono affatto convinto, ma prendo atto della «tendenza». Purché non diventi, come sovente accade, un bel discorso per incrementare giri di affari sulla buona fede di tanta gente un po' ingenua. Alcune persone sono cariche di speranza e di attesa verso il futuro e la loro fiducia mi commuove, ma mi lascia anche perplesso. Perché conosco, purtroppo, la natura umana. La mia natura. Che non è affatto così capace di migliorarsi, di emendarsi. Ahimè, per la maggior parte siamo poveri e deboli peccatori. A volte pure cialtroni. Ecco perché è necessario, oggi più che mai, distinguere i filibustieri dai galantuomini. I primi, purtroppo, sono lì in agguato pronti a smerciare fandonie pur di arraffare trenta denari: di questa gente è pieno il mondo, lo sappiamo. E chi è più sensibile, se non si cautela e apre gli occhi, ne fa le spese. In questa situazione, dovremmo tutti imporci di ridurre la nostra corsa al consumismo, ormai diventata frenetica in Occidente. Per poter guarire, nel corpo e nell'anima, dobbiamo recuperare e aggrapparci alla semplicità, seguire le regole della natura rispettandola. E anche rivalutare la forza e la necessità del silenzio: quello dei contadini fieri davanti al raccolto dei campi o muti e dignitosi dopo una tempesta che glieli ha distrutti. Lo stesso silenzio esemplare di chi affronta a testa alta i dolori della vita. Le tragedie degli altri, celebri e non, ricchi e non, belli e non, siano per noi, gente perbene o di malaffare, una lezione di vita. Un monito al nostro pensiero «debole». Alla nostra avidità. Alla nostra inconsistenza. Ricordiamoci che pure un mazzo di fiori, nonostante il profumo e la smagliante bellezza, poi appassisce e che tutte le stelle, all'alba, sono destinate a scomparire.

✯ I BUONI PENSIERI

«Siamo su un treno che va a 300 km all'ora. Non sappiamo dove ci sta portando e, soprattutto, ci siamo accorti che non c'è il macchinista.»

CARLO RUBBIA

com'è difficile essere genitori

C'è una moltitudine di genitori preoccupati e scontenti. Mai come oggi tanti problemi concorrono a rendere più duro il loro «mestiere», anche se, in realtà, ogni epoca ha avuto i suoi. Adesso come un tempo, essere padre e madre rimane un'esperienza straordinaria, carica però di difficoltà enormi e di un gigantesco impegno emotivo e materiale. Conosco persone che si affannano a chiedersi dove sbagliano; altre che si colpevolizzano; altre che si arrabbiano; altre ancora che si fanno annientare dall'invadenza della prole. Tanti genitori, insomma, vorrebbero che la vita dei figli rappresentasse il loro successo sia come educatori sia come individui. Alcuni sono altresì convinti, sbagliando clamorosamente, che atteggiamenti per così dire «amichevoli» possano servire. Ricordo quali difficoltà e quanti contrasti ho avuto, quand'ero giovane, e anche in seguito, con mia madre, quali attriti ci sono stati fra me e lei e quanti conti sono rimasti in sospeso tra noi quando se n'è andata per sempre. Per placare la mia inquietudine e i miei rovelli interiori, dopo la sua scomparsa ho cominciato a indagare sulla sua infanzia, la sua giovinezza, su chi era, come ha vissuto da ragazza e durante i miei primi anni di vita. Ebbene: sentendo quelle testimonianze ho pianto lacrime di solidarietà, pena e amore. Raccogliendo notizie su di lei ho potuto conoscere anche certi lati di sua madre, mia nonna, e capire quante amarezze, quanti sacrifici e quante difficoltà hanno segnato la vita di entrambe. Ciò che ho saputo mi è stato davvero utile: mi ha messo in pace con la mia coscienza e mi ha permesso di capire più a fondo chi mi ha messo al mondo. Le mie vicende personali e quelle di altri, mi hanno fatto intendere che il mestiere del genitore è condizionato dal vissuto di ciascuno, dal passato, da errori che si sono perpetuati da una generazione all'altra. Quindi, se può valere la mia opinione, esorto chi ha dei figli, o chi li avrà, a fare una considerazione che può confortarli: è impossibile essere genitori perfetti.

✯ I BUONI PENSIERI

«Fecero il bambino. Per dischiudere porte entro se stessi.»

ERICA JONG

quei genitori scomodi

Conosco un'infinità di genitori, soprattutto madri, che sfiancano i figli e, soprattutto, le figlie con insopportabili prediche, fino a fargli maledire la vita. Sentendole, queste madri, sembrano delle fate generose che parlano per il bene dei figli ma sarebbe necessario ricordare a costoro che un conto è la predica sterile fine a se stessa e, spesso, provocatoria, un altro è, invece, il dialogo pacato, sereno, civile, privo di forme accusatorie che portano solo all'annientamento psico-fisico di certi poveri figli la cui colpa, spesso, è quella di avere un genitore che vive situazioni conflittuali con se stesso. Non voglio, con questo, colpevolizzare chicchessia ma ritengo doveroso considerare che non sono solo i figli ad avere obblighi comportamentali con i genitori. Il criterio deve valere anche per quelle madri e quei padri che vivono ossessivamente le azioni e le scelte dei figli fino a farli diventare veri e propri burattini. Ho una personale esperienza, in merito. Pur nutrendo un amore infinito per mia madre sono convinto, ancora oggi, che se fossi rimasto accanto a lei, avrebbe trovato il sistema per annientare la mia identità e la mia personalità. Non la colpevolizzo per questo: so che ha molto sofferto e che ha avuto una vita e un'infanzia difficili e drammatiche. Quindi, la capisco.

Ma, capire è un conto, giustificare è una questione ben diversa. Il buon genitore, insomma, dovrebbe cercare, per quanto possibile, l'equilibrio per essere in grado di guidare la vita dei figli. Anche quando la sua vita è stata un terremoto. Un padre e una madre hanno l'obbligo di dialogare, confrontarsi, arrabbiarsi, se necessario, ma devono evitare di condannare i figli a subire le proprie ossessioni. Spesso, chi condanna gli altri lo fa per assolvere se stesso.

✭ I BUONI PENSIERI

«È una malinconia il dover convincersi che noi non siamo i nostri figli, e che essi vogliono fare la loro vita, astrazione fatta dai genitori, come l'abbiamo fatta noi ai nostri tempi.»

ANNA KULISCIOFF

ma come siamo fortunati!

Sono le quattro meno un quarto di notte. Prima di coricarmi ho preso un antibiotico: ho una faringite che mi chiude la gola. A cena, nonostante abbia problemi di stomaco, non ho rinunciato a un paio di belle fette di mortadella illudendomi che bastasse una pillola per risolvere il malessere. Mi sono addormentato con la precisa sensazione che sarebbe stata una notte infame. E lo è, purtroppo. Mi sono girato e rigirato nel letto fino a ora. Sudo. Non riesco a respirare bene. Ho un dolore intercostale che non mi permette di rimanere a letto nella stessa posizione. Sollevo il busto per alleviare il bruciore allo stomaco, ma ogni tentativo per sentirmi un po' meglio risulta vano. Resto immobile, al buio. Mi accorgo, solo adesso, di aver lasciato la luce del bagno accesa. Mi alzo, nervoso e contrariato, per spegnerla ma, con meraviglia, scopro che le lampade sono spente. Eppure la stanza è tutta un bagliore vivido. Da dove arriva? È la luna. Tonda. Vigile. Immensa e padrona della pacata e immensa solennità della notte. Accanto c'è una stella e il resto è tutto un palcoscenico di seta blu cobalto. Mi soffermo a scrutare la luna. Piego la testa da entrambi i lati per capire se mi deve trasmettere un messaggio. Mah: chissà? Mi rimetto a letto e, improvvisamente, mi assale un'acuta consapevolezza. Quella di essere un uomo fortunato. Sì, è vero, sto male. Malissimo. Ma ho lenzuola pulite; ho cuscini morbidi e candidi; ho sul comodino un mazzo di fiori di zagara; ho il libro che sto finendo di leggere; ho la possibilità di ascoltare la musica che amo; ho materassi confortevoli; ho un grande letto, un bagno, una camera, una casa; ho medicine e acqua potabile da bere; ho il cibo che non ho digerito; ho la certezza che c'è chi non può digerire perché non ha mangiato nulla; ho mille privilegi che altri nemmeno si immaginano. Per questo, provo quasi vergogna e chiedo perdono al cielo. E il cielo, senza assolvermi, mi porta il sonno.

✯ I BUONI PENSIERI

«Il regalo più bello che mi si possa fare è un referto medico negativo.»

DANIELE LUTTAZZI

il valore delle gioie inattese

Qualche giorno fa mi trovavo in ospedale per sostenere i consueti controlli annuali sulla mia salute. Ero in corsia ad attendere che il medico mi ricevesse. Davanti a una porta, seduta su di una carrozzella, una vecchia donna in attesa di chissà cosa. Accanto a lei, una signora e un signore pensierosi: lei con lo sguardo assorto, lui con un'espressione preoccupata. Sono stato lì, muto e immobile a guardarli. Si percepiva, inequivocabilmente, che stavano attendendo notizie per loro importanti. Respiravo quel senso di dolore, impotenza e smarrimento che si respira, spesso, negli ospedali. Mi chiedevo quale male potesse avere, quella vecchia; mi interrogavo sul perché di quei due letti vuoti, in lontananza, con i materassi ripiegati; mi domandavo quanta sofferenza fosse passata dentro a quelle mura. Riflettevo sulla precarietà della vita, sulla povertà di certe nostre ambizioni e sul valore effimero che hanno le illusioni di fronte a stanze e corridoi come questi. Leggevo negli occhi di quelle tre persone mute, in attesa di eventi concilianti con il loro umore, un senso di abbandono, disperazione e infelicità. Ero triste anch'io, in quel momento: il loro atteggiamento mi aveva trasmesso una profonda malinconia oltre alla sensazione di tenerezza e pena nei loro confronti.

D'improvviso è arrivato il medico che ha parlottato per qualche istante con l'uomo. Ho sentito, detta dal dottore in modo chiaro, questa frase: «Oggi i nuovi esami sono leggermente migliorati, signora. È contenta?» «Sì, sì, sì», ha risposto l'anziana donna. L'ha ripetuto per tre volte. Gli occhi le luccicavano mentre quelli degli altri due si inumidivano. Ecco: nonostante la carrozzella, l'inverosimile intubazione alla quale era sottoposta la malata e la chiara e precisa certezza di non avere molto da vivere, quella semplice frase è stata per quei tre, un regalo ineguagliabile. In quel momento ho capito che la vera gioia arriva solo se è preceduta dal dolore.

✯ I BUONI PENSIERI

«Chi si prende troppo sul serio non conosce nessuna gioia.»

OTTAVIA PICCOLO

se la vita fosse eterna

Sono assolutamente convinto che se vivessimo mille anni o, addirittura, eternamente, saremo ancora più ansiosi e affannati di come già siamo. Probabilmente, il senso di precarietà che caratterizza la nostra esistenza su questa Terra, è una specie di freno per gli umani che si sentono onnipresenti e onnipotenti. A volte mi capita di immaginare, con sgomento, come si comporterebbero certi soggetti che fanno del potere il loro unico credo di vita. Cerco, anche, di prevedere come le canaglie, i leccapiedi e i pusillanimi agirebbero, nei confronti della gente, sapendo che il tempo illimitato a loro disposizione garantirebbe ogni pretesto per esternare la loro natura meschina.

Generalmente, il senso di inadeguatezza e precarietà che caratterizzano l'esistenza di tutti coloro che ritengono la vita un viaggio troppo corto, abita la mente di chi è giovane. È allora, infatti, che si è più portati ai confronti, alle sfide, al criterio inarrestabile di conquista. In quel periodo, si vorrebbe che l'esistenza umana non avesse mai fine e, in realtà, il concetto di morte, in generale, non viene nemmeno preso in considerazione. Con il tempo, invece, invecchiando, i criteri di sopravvivenza mutano; il bisogno di eternità si attenua; le sfide terrene non hanno più la priorità; il carattere si addolcisce; la consapevolezza ammorbidisce il vivere. Personalmente, credo che l'arco di tempo di una vita umana, se lo si riesce a godere interamente, sia sufficiente per vivere una storia significativa, per conoscere quanto basta, per capire chi è l'uomo. Inoltre, la vecchiaia porta con sé l'accettazione del viaggio di ritorno. Il decadimento fisico, insomma, ci aiuta a rendere meno cruento e difficile il distacco dalla vita terrena. Nel corso degli anni, ho incontrato gente che accetta, saggiamente, le leggi del tempo e riesce a far tesoro di qualsiasi esperienza, anche quando si tratta di brevi soggiorni sulla Terra. C'è anche chi, al contrario, della vita non gliene importa un bel niente e chi, invece, vorrebbe vivere in eterno. Comunque sia, credo davvero che il nostro valore su questo pianeta non dipenda da quanto ci stiamo, ma da come. Non ci resta che dare un senso e un significato alla nostra esistenza considerando che, ieri come oggi, oggi come domani, il genere umano si divide in due categorie: quello che ritiene la vita troppo corta; quello che la ritiene troppo lunga.

✭ I BUONI PENSIERI

«Essere di continuo esposti alla morte è ciò che ci tiene in vita.»

NATHAN ENGLANDER

la dote indispensabile per far camminare il mondo

L'esperienza mi ha convinto che no, non è l'amore a muovere il mondo. Un tempo, a dire il vero, lo credevo. Ero proprio persuaso che fosse una specie di lasciapassare per entrare nel cuore, nelle case e nelle coscienze della gente. Credevo che tutto ruotasse intorno a questo nobile sentimento e ritenevo i generosi di cuore persone elette, privilegiate, uniche e inimitabili. Con il passare degli anni, invece, il mio punto di vista è cambiato. Ho capito, stando a lungo in trincea e cadendo sovente ferito, che la qualità davvero indispensabile, la più potente e illuminante, è il coraggio. Sì: essere coraggiosi aiuta ad affrontare le avversità della vita e, soprattutto, a darle un senso. Se dovessi pensare a quanto ho amato, a quanto affetto sincero ho offerto al mio prossimo e a tutte le delusioni che ho ricevuto e, in buona fede, pure dato, in nome di questo sentimento, faticherei a giustificare tutti i miei fallimenti affettivi. Al contrario, invece, mi trovo a dare un enorme valore al coraggio, specie se penso a tutte le volte in cui, profondamente segnato nel cuore e nell'anima, questa virtù mi ha permesso di superare lo sconforto e l'abbattimento. Non sono, con questo, convinto che l'amore non serva. No, per carità! Ritengo, però, che il coraggio vada anteposto, per importanza, all'amore. D'altronde, e credo di non sbagliare, non ci vuole forse coraggio quando si conosce qualcuno e si incomincia a investire affettivamente su di lui? Soprattutto se ci si rende conto che, per noi, quello è un grande amore, del genere per cui perdi la testa, ti si chiude la gola e ti tremano le mani. Ci vuole coraggio per chiamare, incontrare o scrivere a chi ci ha fatto battere il cuore a prima vista, sapendo che quel lampo d'amore potrebbe precedere un fulmine che ci devasta l'anima. Per questo, penso che nella vita, per andare avanti, sia necessario avere tanto coraggio. Insieme ad altri nobili sentimenti.

✯ I BUONI PENSIERI

«Coloro che sono privi di coraggio voltano le spalle alla vita.»

AGATHA CHRISTIE

la forza e la spiritualità che sa trasmettere la natura

È il 29 luglio di un'estate in cui sento che la contentezza ha deciso di farmi visita e rimanere, per ora, ospite della mia vita. Sì, sono contento. Non so di cosa, in realtà, ma è così. Mi fermo a scrivere qui, nell'auto di cui ho spento il motore. Perché quest'attimo è quanto di più toccante e lirico io possa immaginare. È quasi mezzanotte. Ha piovuto fino a qualche ora fa e l'aria pungente stimola la riflessione. Su ciò che sono. Su ciò che siamo. Intorno a me, una corona possente e maestosa di scure montagne, a tratti tondeggianti, a tratti aguzze come lame di spade. Mi sono voluto fermare qui, al Tombal, sopra Enego, sul ciglio di una curva dove si può godere, per intero, la maestosità di un panorama mozzafiato e dove chiunque, genio o imbecille, può far domande a Dio e sentirsi rispondere. Il buio mi avvolge completamente. Non c'è luna, ma infinite e commoventi distese di stelle nel cielo nitido e terso. La Via Lattea si distingue per il suo chiarore e sembra percorsa da misteriosi presagi. A tratti, il vento fa sventolare violentemente una piccola bandiera italiana issata in cima a un alto palo di legno. Scuote anche la mente, questo rumore, e sembra voglia incitarmi un amor di patria che, purtroppo, date le condizioni precarie e rovinose di questo Paese, sento sempre più affievolito. Davanti ai miei occhi vedo pianure e valli luccicanti di cui ignoro i nomi: è un altro tappeto di stelle terrene che l'uomo, inconsciamente, regala alle notti come questa affinché possano stregare gli animi e risvegliare le coscienze. È un incanto impossibile da descrivere, ma che mi fa rabbrividire e mi procura un'intensa emozione. Cristo!, mi ripeto. E a lui affido le mie riflessioni, mentre rabbrividisco nell'aria fresca. Riesco solo a pensare all'onnipotenza di Dio, in questo momento. E a tutte le anime che abitano il cielo e l'infinito. Sono pervaso da tanta meraviglia e nello stesso tempo annichilito dalla maestosità della natura in questo buio luccicante. Dallo stereo dell'auto escono le note musicali di un brano di Preisner. Penso che il musicista lo abbia composto da innamorato, in una notte come questa. Uno di quei momenti che vengono regalati dagli dei ai viandanti della vita per ritrovare se stessi e la strada smarrita. Per indicargli che l'eternità esiste. Perché ciò che vedo e provo qui, complici il vento, il cielo e la magia della terra, si chiama eternità. Con il viso rivolto verso l'alto, mi chiedo che ne sarà di me. Lo chiedo alla notte. All'immenso che ho davanti ai miei occhi. Mi risponde un silenzio profondo, infinito... e capisco che quella domanda devo farla a me stesso.

✭ I BUONI PENSIERI

«Il mistero, è il senso del divino che c'è in noi.»

GUIDO ROVESTI

il piacere di essere «normalmente anormali»

Sono a Venezia per la mostra cinematografica. È un bel giorno di settembre. Il cielo è terso e il sole scalda, nonostante una piacevolissima brezza ci rammenti che l'autunno è alle porte. È da cinque anni che non vado nella spiaggia libera degli Alberoni, alla Diga Radice Nord. Decido di farlo e chiamo Luca, il mio amico motoscafista, che si rende subito disponibile ad accompagnarmi. Mi lascia alla solita piazzetta e io mi avvio, carico di ricordi, attraverso la pineta che mi porterà al *Macondo*, un chiosco in riva al mare, sul porto di Malamocco. Mentre cammino lungo il vialetto sterrato che attraversa il bosco, assaporo il silenzio interrotto soltanto dal gracchiare discreto di una gazza, dalle cicale che fanno festa e dal rombo di un elicottero che sorveglia il cielo. «Come sto bene!» mi dico. Superata la radura, appoggio la mia sacca sui sassi che costeggiano il Canale dei Petroli e, come facevo un tempo, mi sdraio a leggere. Passano un paio d'ore e decido di andare, così come sono, da Michele e Barbara, i proprietari del chiosco, per mangiare qualcosa. Li ritrovo affabili e allegri, come sempre. Mi siedo in disparte e osservo ciò che mi sta intorno: monconi di tronchi che sembrano carogne rinsecchite di coccodrilli fra la sabbia, e schegge di legno portate fin là dal moto perpetuo del mare; il solito piccolo faro bordeaux, a testimoniare che l'uomo, quand'è davvero potente, può vivere isolato; una imbarcazione mercantile turca, arrugginita dal sole, dal sale e dal tempo, che attraversa il canale; gli ombrelloni, sparsi qua e là in modo disordinato, con una marca di gelati impressa sui bordi; la fila di abitazioni in legno, a palafitta, occupate da solitari pescatori del luogo; una improbabile pianta di girasole che sembra chiedermi acqua. «Come sto bene», mi ripeto, mentre vengo assalito da una salda, confortante certezza: sono normale. Caspita, sì, sono normale. Quindi, privilegiato. Due volte privilegiato. Sono un uomo che vive in modo singolare e che adora la normalità. Un anormale che vive normalmente, insomma. Ringrazio il cielo e sorrido di un vecchio con la schiena bitorzoluta che sgrida dei bimbi perché, a suo dire, disturbano la quiete del posto. Chiudo gli occhi, apro i pensieri all'indulgenza e assaporo la pace impagabile di questo attimo fatto di natura, di semplicità e di ricordi. Barbara mi porta le mele affettate, affogate nel Passito. Sto vivendo una parentesi di grande, immenso, vero privilegio. Osservo le poche persone sedute sulle panche stinte dal sole e corrose dalla salsedine mentre, discrete, arrivano da lontano le note di ritmi sudamericani. Ah, che senso di libertà! Guardo l'orologio: sono le tre di questo caldo pomeriggio. Ripongo le mie poche cose nella sacca e mi accingo a fare ritorno. A fare il PìPì: poveraccio prigioniero. Ripercorro la radura, salgo sul motoscafo e scruto, da lontano, Venezia che troneggia nel suo splendore di Regina Puttana. «Come sono stato bene!» mi dico, sottovoce. Purtroppo, il tempo del verbo è cambiato. Come il mio umore. Come il mio cuore. Come il mio tempo.

✯ I BUONI PENSIERI

«Rifiutare i privilegi è un privilegio riservato a pochi privilegiati.»

AMBROGIO BORSANI

i sogni che danno forza d'animo

Amo la gente che sogna, purché i sogni non ci trasformino in tanti sciocchi. Amo coloro che sognano attraverso la poesia dell'anima e della mente. Solo i cieli di Lambara, le montagne isolate lassù, sull'Altopiano di Asiago, sopra Enego, sanno quanto ho sognato da ragazzino. Tutto mi faceva sognare. Proprio tutto. Fantasticavo sulle luci in lontananza, sui rintocchi notturni di campane, sul verso lugubre dei gufi, sulla transumanza in autunno, sui tramonti che tingevano di bronzo il Monte Ortigara, sui racconti fiabeschi delle vecchie mentre ci si spartiva il dolce di farina di mais e fichi secchi davanti ai falò serali, quando ci si incontrava per impastare la povertà con la fantasia. Ho continuato a sognare, anche in seguito, con la stessa perseveranza, convinzione e intensità. Per mia fortuna non ho mai sognato di diventare ricco e, questo, grazie al cielo, mi ha preservato dalla pochezza d'animo. Ho fatto, però, altri sogni sbagliati. Ho sognato, per esempio, di diventare famoso e ho perseguito quell'obiettivo, quasi maniacalmente, per molto tempo. Finché un giorno un vecchio amico, buon conoscitore delle trappole che la vita sparge qua e là, mi ha fatto notare che no, non è la fama a rendere importante un uomo. Questa cara persona ha cambiato le mie convinzioni, facendomi capire che l'affermazione di noi stessi passa attraverso i meriti e che, se il merito c'è, arrivano le soddisfazioni, l'appagamento, la contentezza e il successo. Una mamma che cresce bene i suoi figli; un ingegnere che progetta un ponte solido e maestoso; una maestra che trasmette cultura a un giovane: ecco qualche esempio di persone che hanno successo. Un riconoscimento ben più importante e duraturo di chi canta al Metropolitan di New York o vince un Oscar.

Oggi, insomma, ho imparato a sognare in modo diverso. Ho mortificato un po' la fantasia, dando maggiore spazio al ragionamento, per aggiungere tenerezza e contentezza ai miei sogni. Solo il tempo, in fin dei conti, ti insegna a sognare. Adesso, per esempio, ho imparato che il sogno più bello è avere un ideale.

✯ I BUONI PENSIERI

«Vi sono certamente dei rapporti fra il destino di un essere e i suoi sogni. C'è qualcosa di magico nel sogno, se per magia intendiamo le associazioni inesplicate.»

ERICA JONG

Collana «Glamour»

1. Helen Valentine & Alice Thompson, *Semplicemente chic*
2. Barbara Ronchi Della Rocca, *Questioni di stile*
3. Barbara Ronchi Della Rocca, *Invito a nozze*
4. Barbara Ronchi Della Rocca, *Il galateo per lei & lui*
5. Tiziana Rocca, *Feste, cene, cocktail*
6. Paola Jacobbi, *Voglio quelle scarpe!*
7. Patrizia Gucci, *Single*
8. Wendy Shanker, *Vere curve*
9. Didi Leoni e Renata Jannuzzi, *Veri uomini, però...*
10. Barbara Ronchi Della Rocca, *Il passaporto delle buone maniere*
11. Michael Flocker, *Metrosexual* (a cura di Tommaso Labranca)
12. Luisa Ciuni e Elena Mora, *Gossip terapia*
13. Cinzia Felicetti, *Assolutamente glam!*
14. Mireille Guiliano, *Le francesi non ingrassano*
15. Paola Jacobbi, *Pazze per le borse!*
16. Stephen Clarke, *Merde! Un anno a Parigi*
17. Ian Kerner, *Manuale di sopravvivenza per le donne che amano troppo*
18. Diego Dalla Palma, *La bellezza interiore*
19. Antonio Mancinelli, *Moda!*
20. Carmencita, *Gli Ufo* non esistono (*Uomini Fedeli Oggi)*
21. Barbara Ronchi Della Rocca, *La vera eleganza*
22. Patrizia Gucci, *Charme*
23. Cinzia Felicetti, *Io compro da sola*
24. Camilla Morton, *Mission possible*
25. Diego Dalla Palma, *Per amarsi un po'*
26. Alessandra De Vizzi, *Tra amiche*
27. Lucia Corna, *Mammasingle in love*

Finito di stampare nel maggio 2007
presso la Mondadori Printing S.p.A.
Stabilimento N.S.M. di Cles (TN)
Printed in Italy